Christian Wipperfürth

Russlands Außenpolitik

# Elemente der Politik

Herausgeber:

Hans-Georg Ehrhart
(Institut für Friedensforschung und Sicherheitspolitik
an der Universität Hamburg, IFSH)
Bernhard Frevel
(Fachhochschule für öffentliche Verwaltung NRW, Münster)
Klaus Schubert
(Institut für Politikwissenschaft, Westfälische Wilhelms-Universität Münster)
Suzanne S. Schüttemeyer
(Institut für Politikwissenschaft, Martin-Luther-Universität Halle-Wittenberg)

Die ELEMENTE DER POLITIK sind eine politikwissenschaftliche Lehrbuchreihe. Ausgewiesene Expertinnen und Experten informieren über wichtige Themen und Grundbegriffe der Politikwissenschaft und stellen sie auf knappem Raum fundiert und verständlich dar. Die einzelnen Titel der ELEMENTE dienen somit Studierenden und Lehrenden der Politikwissenschaft und benachbarter Fächer als Einführung und erste Orientierung zum Gebrauch in Seminaren und Vorlesungen, bieten aber auch politisch Interessierten einen soliden Überblick zum Thema.

Christian Wipperfürth

# Russlands Außenpolitik

VS VERLAG

Bibliografische Information der Deutschen Nationalbibliothek
Die Deutsche Nationalbibliothek verzeichnet diese Publikation in der Deutschen
Nationalbibliografie; detaillierte bibliografische Daten sind im Internet über
<http://dnb.d-nb.de> abrufbar.

1. Auflage 2011

Alle Rechte vorbehalten
© VS Verlag für Sozialwissenschaften | Springer Fachmedien Wiesbaden GmbH 2011

Lektorat: Frank Schindler | Verena Metzger

VS Verlag für Sozialwissenschaften ist eine Marke von Springer Fachmedien.
Springer Fachmedien ist Teil der Fachverlagsgruppe Springer Science+Business Media.
www.vs-verlag.de

Das Werk einschließlich aller seiner Teile ist urheberrechtlich geschützt. Jede Verwertung außerhalb der engen Grenzen des Urheberrechtsgesetzes ist ohne Zustimmung des Verlags unzulässig und strafbar. Das gilt insbesondere für Vervielfältigungen, Übersetzungen, Mikroverfilmungen und die Einspeicherung und Verarbeitung in elektronischen Systemen.

Die Wiedergabe von Gebrauchsnamen, Handelsnamen, Warenbezeichnungen usw. in diesem Werk berechtigt auch ohne besondere Kennzeichnung nicht zu der Annahme, dass solche Namen im Sinne der Warenzeichen- und Markenschutz-Gesetzgebung als frei zu betrachten wären und daher von jedermann benutzt werden dürften.

Umschlaggestaltung: KünkelLopka Medienentwicklung, Heidelberg
Druck und buchbinderische Verarbeitung: Ten Brink, Meppel
Gedruckt auf säurefreiem und chlorfrei gebleichtem Papier
Printed in the Netherlands

ISBN 978-3-531-16020-7

# Inhalt

1 Einleitung — 7

2 Weltanschauliche Grundlagen und die Soft- bzw. Hardpower russischer Außenpolitik — 11
  2.1 Die Soft- und Hardpower — 11
  2.2 Weltanschauliche Grundlagen — 25

3 Außenpolitik unter Präsident Boris Jelzin (1991-1999) — 31
  3.1 1991/92: Die „romantische Phase"? — 31
  3.2 1993-95: Neuausrichtung der Außenpolitik? — 36
  3.3 1996-99: Auf dem Weg in die Sackgasse — 45

4 Außenpolitik unter Präsident Wladimir Putin (2000-2008) — 55
  4.1 2000 bis 2003: Erneute Westwendung? Die ersten Jahre der Präsidentschaft Putins — 55
  4.2 2003 bis 2005: Zwischen Kooperation und Entfremdung: Russland und der Westen — 68
  4.3 2006 bis Anfang 2008: Auf dem Weg zu einem Kalten Frieden? — 88

5 Außenpolitik unter Präsident Dmitri Medwedew (2008-2011) — 101
  5.1 Frühjahr 2008 bis Anfang 2009: Tauwetter und zeitweilige Eiszeit — 101
  5.2 Anfang 2009 bis Ende 2010: Neuanfang — 108

6 Deutung der russischen Außenpolitik — 121
  6.1 Innenpolitische Faktoren — 122
  6.2 Außenpolitische Faktoren — 128

| 7 | Ausblick auf 2020 | 137 |
| --- | --- | --- |
| | 7.1 2020: Russland zwischen dem Westen und China | 137 |
| | 7.2 Schlusswort | 143 |

Kommentierte Literatur — 147

Bibliographie — 149

# 1 Einleitung

Dieses Buch versteht sich als knappe, umfassende Darstellung der russischen Außenpolitik von 1991 (also nach dem Ende der Sowjetunion) bis Anfang 2011. Es setzt mit dem weltanschaulichen Hintergrund und der Soft- und Hardpower Russlands ein. Im breiten mittleren Teil wird die Außenpolitik umrissen, wobei der Schwerpunkt auf der Zeit nach der Jahrhundertwende liegt. Es folgen eine Deutung der Politik und ein abschließender Blick auf die Zukunft. Innenpolitische Kräfte spielen für die vielschichtige Politik des großen Landes im Übergang eine zumindest ebenso große Rolle wie andernorts auch. Ihrer Bedeutung wird Rechnung getragen. Der Standpunkt des äußeren Beobachters und der Blick aus russischer Sicht ergänzen sich in der Darstellung und Interpretation.

Die verfassungsrechtliche Stellung des Präsidenten ist außerordentlich stark. Im Januar 1994 verfügte Präsident Boris Jelzin (1991-99) zudem, etwa das Außen- und Verteidigungsministerium sowie die Geheimdienste direkt dem Staatsoberhaupt zu- und unterzuordnen. Folglich orientieren sich die außenpolitischen Kapitel an den Amtszeiten des jeweiligen Präsidenten.

Die starke Stellung des Staatsoberhaupts korrespondiert mit der schwachen der beiden Parlamentskammern. Der Föderationsrat, den die einzelnen Föderationssubjekte des Bundesstaats Russland beschicken, sowie die Duma, die Volksvertretung, sind laut Verfassung zwar u.a. für die Ratifizierung internationaler Verträge zuständig. Sie spielten zu keiner Zeit eine maßgebliche, jedoch eine nicht unerhebliche Rolle. In den 90er Jahren verabschiedete die Duma z.B. wiederholt rechtlich nicht bindende Resolutionen, deren imperial gefärbter Ton deutlich von der offiziellen Politik abwich, insbesondere in Bezug auf die GUS-Nachbarn. Es gibt jedoch kaum, wenn nicht gar keine Beispiele, dass die Duma den Präsidenten in einem konkreten Fall zu einer außenpolitischen Kursänderung nötigte. Jelzin wagte es dennoch häufig nicht, ihre Stärke zu testen, was seine Optionen einschränkte, während die Parlamentskammern seit dem Jahre 2000 eher als Instrument statt als zeitweiliger Widersacher des Präsidenten zu betrachten sind.

Die über 1100jährige Geschichte des russischen Staatswesens ist von zahlreichen tiefen Brüchen gekennzeichnet, wobei das Ende der UdSSR einer der tiefgreifendsten ist. Russland ist erstmals seit etwa vier Jahrhunderten nicht mehr der führende Teil eines Imperiums. Darüber hinaus hatte es vor seiner Expansion, anders als z.b. Portugal oder England, auch kein Stadium der Nationalstaatsbildung durchlaufen. Zudem erschweren etwa die schwierige soziale Lage eines Großteils der Bevölkerung, Globalisierungsprozesse und das Erbe des Stalinismus eine Stabilisierung von Staat und Gesellschaft. Es ist im Gegensatz etwa zu ostmitteleuropäischen Ländern auch nicht möglich, bei sozialen Problemen oder geschichtlichen Fehlentwicklungen auf eine äußere Macht zu verweisen, die hierfür verantwortlich zu machen sei, sodass ein mögliches Ventil wegfällt. Müssen die genannten Faktoren nicht zu einer zumindest unsteten oder gar aggressiven Außenpolitik führen? Insbesondere in den 1990er Jahren, aber auch später, verwiesen zahlreiche Beobachter auf einige Parallelen zwischen dem Deutschen Reich nach dem Ersten Weltkrieg und Russland nach 1991.

Das Land ist seit 1989/91 wie bereits wiederholt in den Jahrhunderten zuvor auf der Suche nach seinem Platz im Geflecht der Mächte und darüber hinaus nach seiner Identität. Auf der einen Seite stehen Verfechter einer Orientierung am Westen, die eine Übernahme seiner Prinzipien und ein Bündnis mit ihm fordern. Auf der anderen Seite sind diejenigen, die einen eigenständigen Weg propagieren, meist in Abgrenzung zum nordatlantischen Raum. Sie verweisen auf Eigenheiten der Geschichte, Geographie oder sozialen Ordnung ihres Landes, sowie auf dessen Würde, die eine Orientierung an äußeren Vorbildern nicht wünschenswert oder möglich erscheinen ließen. Diese Differenzen haben im Verlauf der 90er Jahre an Bedeutung verloren, wirken jedoch nach. Es ist offensichtlich, dass sich Russland im Innern und nach Außen in hohem Grade durch sein Verhältnis zur westlichen Welt definiert, nicht nur aufgrund von dessen Machtstellung.

Aus westlicher Perspektive betrachtet stand Russland in den ersten Jahren nach dem Zerfall der Sowjetunion mit im Zentrum der Aufmerksamkeit, da ein Kollaps des Landes bzw. eine Machtübernahme durch kommunistische bzw. nationalistische Kräfte möglich schienen. Dies hätte weit gravierendere Auswirkungen gehabt als der Zerfall Jugoslawiens. Ende der 90er Jahre war dies keine realistische Option mehr. Zudem schien Russland vielen Beobachtern aufgrund seiner Schwäche kein weltpolitisch relevanter Akteur mehr zu sein. Es erstarkte jedoch zum einen nach der Jahrhundertwende, zum anderen wurde es durch die Erweiterungen von NATO und EU zum direkten Nachbarn. Es rückte wieder stärker in den Fokus westlicher Politik, sodass die widerstreitenden Ansätze der Russlandpolitik verschiedener westlicher Länder deutlicher als zuvor hervortraten.

Der Westen war jahrelang in kaum einer anderen Frage so gespalten wie in seiner Haltung zu Russland. Einige Länder drängten auf dessen Aus- wenn nicht Eingrenzung oder darauf, den Kreml durch Druck nachgiebig zu stimmen. Andere, insbesondere Deutschland, strebten eine Einbindung an, da sich ohne oder gar gegen Russland kein dauerhaft stabiles Europa oder die Lösung vieler globaler Fragen erzielen ließe.

Seit 2009/10 hat die deutsche Haltung durch Entwicklungen in Russland und einigen westlichen Ländern Rückenwind erhalten. Aber kann ein dauerhafter Paradigmenwechsel im russisch-westlichen Verhältnis erwartet werden? Faktoren wie Afghanistan, Schuldenkrisen und niedrige Wachstumsraten machen spätestens 2006/08 einen deutlichen Machtverlust des Westens sichtbar. Insbesondere China, aber auch andere Länder andererseits gewannen deutlich an Gewicht und Selbstbewusstsein. Die Kräfteverhältnisse haben sich deutlich verschoben und dieser Prozess wird sich vermutlich fortsetzen. Die Welt dürfte nach einer über fünfhundertjährigen Dominanz der Länder des Nordens am Beginn einer neuen Epoche stehen. Diese könnte in Bezug auf das russisch-westliche Verhältnis entweder eine deutlich engere Zusammenarbeit, oder eine neuerliche und wachsende Entfremdung mit sich bringen.

# 2 Weltanschauliche Grundlagen und die Soft- bzw. Hardpower russischer Außenpolitik

In diesem Kapitel werden zunächst die gesellschaftliche Situation und die Handlungsfähigkeit des Staats umrissen. Sie sind die Grundlage, auf der die Soft- und Hardpower eines Landes ruhen. Unter Softpower wird die Fähigkeit verstanden, politische Ergebnisse in einem anderen Land ohne den Einsatz von Gewalt, Drohungen oder Belohnungen, sondern vielmehr durch die Wirkung als Vorbild oder moralische Autorität erzielen zu können. Unter Hardpower sind die quantifizierbaren Ressourcen eines Staats subsummiert, wie die Bevölkerungsgröße oder Wirtschaftsstärke. Danach wird mit den weltanschaulichen Grundlagen der Rahmen abgesteckt, in dem sich die Außenpolitik bewegt.

## 2.1 Die Soft- und Hardpower

Seit dem Ende der 90er Jahre ist das Vertrauen der Bevölkerung in Institutionen wie den Präsidenten, die Regierung oder etwa die Armee teils sehr deutlich angestiegen. Die Weltbank stellt aber in einer Untersuchung über 26 Transformationsländer aus dem Jahre 2005 fest, dass Russen z.B. der Justiz ihres Landes weniger Vertrauen entgegenbringen als die Bewohner der übrigen 25 Staaten. Es gibt Anzeichen, dass die seit Beginn des Jahrhunderts gewachsene Macht des Kreml die Fähigkeit des Staates, die Umsetzung seiner eigenen Beschlüsse durch die Beamtenschaft zu gewährleisten, kaum verbessert hat. Die Korruption bewegt sich seit den 90er Jahren auf einem anhaltend hohen Niveau, viele Beobachter konstatieren für die Zeit seit 2003/04 gar einen Anstieg. Die Bestechlichkeit beeinträchtigt die Kontrolle der Bürokratie, die Handlungsfähigkeit des Gemeinwesens und nicht zuletzt die Rechtssicherheit.

Präsident Medwedew teilte im Herbst 2010 mit, dass der Betrug bei staatlichen Ausschreibungen jährlich einen Schaden von 33 Mrd. US-Dollar verursache.

Neben den in der Verfassung genannten Institutionen haben Wirtschaftsverbände, Religionsgemeinschaften, die Presse oder etwa Nichtregierungsorganisationen politischen Einfluss. Sie vertreten klar definierte und nach außen erkennbare Ansichten oder Interessen und sind auf Dauer angelegt. All dies trifft auf informelle Seilschaften nicht zu, die in Russland die politische Kultur in einem vergleichsweise sehr hohen Maß mitprägen (s. auch Renz 2006; Lo 2002: 34). Ihre Bedeutung ist so groß, da Öffentlichkeit, Pluralität und Rechtsstaatlichkeit traditionell schwach entwickelt sind. Die übergroße Machtfülle des Staatsoberhauptes, die undurchsichtige Einflussnahme ermöglicht, tritt erschwerend hinzu. Die Seilschaften agieren in der Regel nicht offen, ihre Zusammensetzung, die wechselseitigen Loyalitäten und somit die Interessen sind mitunter kaum festzustellen. Entscheidungsprozesse und Hintergründe der Politik bleiben somit in einem deutlich höheren Ausmaß undurchsichtig als etwa in den institutionell gefestigten Staaten Westeuropas. Dies hat in Verbindung mit der engen Verflechtung von Wirtschaft und Politik die Korruption befördert und gefestigt.

In den Millionenstädten und vielen Regionalzentren ist insbesondere seit Anfang des neuen Jahrhunderts ein beeindruckender Boom zu beobachten. Die Investitionsquote bleibt jedoch unzureichend, sodass Russland nach wie vor zum Teil von der Substanz zehrt. Zusammenbrüche der öffentlichen Infrastruktur mit sehr ernsthaften Folgen sind heutzutage deshalb wahrscheinlicher als zu Beginn der 90er Jahre.

Die Führung ist von der Notwendigkeit von Reformen überzeugt, glaubt jedoch, die Gesellschaft benötige eine starke Führung von oben. Dies entspricht der russischen Tradition seit den Tagen Peters I. Ende des 17. Jahrhunderts. Eine einflussreiche und verantwortungsbewusste Opposition, die zu einer Kontrolle und Korrektur der Führung fähig wäre, gibt es nicht. Dies liegt zum Teil an den Benachteiligungen und Schikanen, denen sie wiederholt ausgesetzt ist, geht aber weit darüber hinaus: Die Kommunisten sind nach wie vor nicht in der Lage sich von der stalinistischen Vergangenheit hinreichend zu lösen. Die liberale Opposition ist nicht bereit, sich von der Wirtschafts- und Sozialpolitik zu distanzieren, die sie selbst zu Beginn der 90er Jahre prägte. Im Jahre 2005 betrachteten sich lediglich 10% der Befragten als Gewinner der Transformation (Buhbe 2005). Die beiden ernsthaftesten Konkurrenten um die Macht sind somit für die breite Mehrheit der Bevölkerung nicht wählbar.

Die soziale Ungleichheit, die bereits in den 90er Jahren ein sehr hohes Ausmaß erreicht hatte, hat sich seither weiter verschärft. Nach UN-Angaben lag der „Gini-Koeffizient, der die soziale Ungleichheit misst, im Jahre 2007 mit 39,9 weit über dem deutschen Wert (28,3), wenngleich unter demjenigen der USA (40,8) bzw. Chinas (46,9). Die Stabilität ist zudem durch die extremen Entwicklungsunterschiede zwischen den verschiedenen Regionen des Landes gefährdet. So sind die Pro-Kopf-Steuereinnahmen der wohlhabendsten Gebiete mehr als zehnmal so hoch wie diejenigen der ärmsten.

Ethnische Russen stellen über 80% der Bevölkerung, und im spannungsarmen Mit- oder zumindest Nebeneinanderleben hat Russland eine lange Tradition. Insbesondere im Nordkaukasus häufen sich jedoch die Probleme. Sie sind teils nationaler Natur, verschiedene in der Region ansässige Völker sind miteinander verfeindet. 1992 entluden sich Spannungen zwischen Osseten und Inguscheten in Kämpfen, die 1.500 Menschenleben forderten. Der politischen Führung sind die zahlreichen ethnischen Konflikte, die zu Gewalt führen könnten bewusst, sie sieht auch ihre häufig sozialen Hintergründe, war bislang aber nicht in der Lage, der Region eine zukunftsfähige Perspektive zu eröffnen. Nicht zuletzt deshalb haben islamistische Tendenzen seit der Jahrhundertwende deutlich an Bedeutung gewonnen.

Die Lebenserwartung ist in den eineinhalb Jahrzehnten nach dem Ende der UdSSR deutlich gesunken, insbesondere bei den Männern. Sie lag 2005 bei 58,8 Jahren, bis 2008 stieg sie auf 61,8 Jahre, liegt aber weiterhin etwa 15 Jahre unter derjenigen in mitteleuropäischen Ländern. Ein Grund der hohen Sterblichkeit ist der gänzlich unbefriedigende Zustand der öffentlichen Gesundheitsversorgung. Das oben skizzierte düstere Bild muss durch weitere

Indizien relativiert werden, so hat sich der Lebensstandard seit der Jahrhundertwende deutlich erhöht.

Bruttoinlandsprodukt pro Kopf zu Marktwechselkursen in US-Dollar (World Bank 2011)

| Land | 1994 | 1999 | 2004 | 2009 |
|---|---|---|---|---|
| Russland | 2650 | 1760 | 3410 | 9340 |
| China | 460 | 840 | 1500 | 3650 |
| Deutschland | 26590 | 26130 | 31010 | 42450 |
| Kasachstan | 1310 | 1290 | 2300 | 6920 |
| Ukraine | 1010 | 760 | 1270 | 2800 |

Die Wirtschaftsleistung hat sich deutlich erhöht. Zudem ist es um die soziale Bilanz und die Handlungsfähigkeit des Staats im Vergleich zu GUS-Nachbarn nicht allzu schlecht bestellt. Die Verhältnisse im Innern Russlands können jedoch keineswegs als vorbildlich gelten, sie können keine Softpower begründen.

Allerdings halten sich nach Schätzungen etwa 10 Millionen Arbeitsmigranten aus GUS-Ländern in Russland auf. Nach Angaben der „Europäischen Bank für Wiederaufbau und Entwicklung" machten die von Migranten in ihre Heimat transferierten Gelder 2006 in Moldau 27% des Bruttoinlandsproduktes (BIP) aus, in Tadschikistan 12%, in Kirgisistan und Armenien je 10%. Experten schätzen die Rate für Georgien auf 15%. Einige Beobachter vermuten, dass dies dem Kreml die Möglichkeit zu politischer Einflussnahme eröffnet, aber die Indizien sprechen dagegen.

In den meisten GUS-Ländern gibt es nennenswerte russische oder russischsprachige Minderheiten. Die russischen Führung ist sich aber der Gefahren bewusst, die mit einer aktiven Diaspora-Politik verbunden wären. Falls GUS-Nachbarn den Eindruck gewinnen sollten, dass die russische Minderheit zu einer „fünften Kolonne" werden könnte, würden sie sich stärker dem Westen und China annähern, um ihre womöglich bedrohte Unabhängigkeit und territoriale Integrität zu wahren. Dies würde den Einfluss Russlands mindern, ohne die Situation der Minderheit zu verbessern. Vertreter Russlands erklärten mitunter, dass entschlossene Maßnahmen ergriffen würden, um die Rechte der Landsleute in Nachbarländern zu schützen. Im Jahre 2006 gab Russland umgerechnet jedoch lediglich 9 Mio. Euro für deren Unterstützung aus. Die Steigerungsrate für 2007 belief sich unterhalb der Inflationsrate, obwohl zuvor eine beträchtliche Erhöhung angekündigt worden war. Harsche Worte dienen der russischen Führung dazu, unzufriedenen russischen Patrioten zumindest verbal entgegenzukommen. Machtpolitische und ökonomische Interessen rangieren über denjenigen der Diaspora. Ihre Instrumentalisierung ist weder möglich, noch wurde sie angestrebt.

Die russische Kultur und Sprache haben im postsowjetischen Raum gleichwohl nach wie vor eine beträchtliche Anziehungskraft. Auch außerhalb Russlands fühlen sich Millionen Menschen der russisch-orthodoxen Kirche verbunden, und die große Mehrheit der Bevölkerung der GUS-Nachbarn hat ein vorteilhaftes Bild von Russland und dessen Bewohnern. Anfang 2007 hatten über 60% der befragten Ukrainer eine positive Sicht auf die Geschichte ihres Landes als Teil des Zarenreiches bzw. der UdSSR. Putin war selbst Anfang 2009 (nach einem erbitterten russisch-ukrainischen Streit um den Gaspreis) in der Ukraine weit populärer als jeder ukrainische Politiker. Es ließen sich zahlreiche weitere Indizien anführen und es ist offensichtlich, dass eine dezidiert russlandkritische Politik eines GUS-Landes auf die Ablehnung der Bevölkerung stieße, von der Ausnahme Georgiens abgesehen. Dies dürfte auch eine der Ursachen des Scheiterns der „Orange Revolution" in der Ukraine gewesen sein. Die Fakten bedeuten jedoch keineswegs die Bereitschaft oder Neigung von GUS-Nachbarn, dem Kreml eine moralische Autorität zuzugestehen, die zu einer tendenziellen Gefolgschaft führen könnte. Die Indizien deuten darauf hin, dass die Softpower des Kremls auch im GUS-Raum nicht allzu hoch ist.

Dies trifft in globaler Perspektive noch deutlich verstärkt zu. Russlands Anteil auf dem Nachrichten- und Kulturmarkt ist gering, und in den 80er Jahren studierten 500.000 ausländische Studenten in der Sowjetunion, ebenso viele wie in den USA, seither ist die Zahl auf 100.000 vermindert. In den USA belief sie sich 2007 auf 583.000, in Deutschland 2008 auf 234.000. Russland erhebt nicht den Anspruch und wäre nicht in der Lage, als moralische Autorität zu agieren und Werte zu propagieren, die weltweit zur Projektionsfläche von Millionen Menschen werden könnten.

Die Sowjetunion besaß mit der marxistisch-leninistischen Ideologie eine beträchtliche Anziehungskraft auf unzählige Menschen in der ganzen Welt. Das moderne Russland verfügt nur über eine geringe Softpower, um der politischen Führung die Durchsetzung politischer Ziele zu ermöglichen. Russland ist aber das flächenmäßig größte Land der Welt. Könnte der Kreml nicht in der Lage sein, durch Hardpower Einfluss auszuüben? Um dies skizzenhaft zu untersuchen werden auf den folgenden Seiten die Themen Bevölkerung, Wirtschaft, Energie und die Streitkräfte thematisiert.

Quelle: http://de.wikipedia.org/w/index.php?title=Datei:Russian_Federation_%28orthographic_projection%29.svg&filetimestamp=20110326173651)

1987 betrug die Anzahl der Geburten in der russischen Teilrepublik der UdSSR 2,5 Mio., 2006 waren es nur 1,5 Mio. Russland weist seit Anfang der 90er Jahre nicht nur eine im internationalen Vergleich niedrige Geburtenrate, sondern insbesondere ein sehr hohe Mortalität auf. Zwischen 1992 und 2007 waren 12 Mio. mehr Todesfälle als Geburten zu verzeichnen. Seit 2006/07 haben aufwändige Bemühungen zu einer Steigerung der Geburtenzahl bzw. einer signifikanten Senkung der Sterblichkeit beigetragen. Das erklärte Ziel, die Bevölkerungszahl zu stabilisieren, wird sich aber kaum erreichen lassen. Die UN sagte 2008 voraus, dass die Einwohnerzahl des Landes bis 2050 um 34 Mio. sinken wird, also von 142 Mio. auf 108 Mio.

Einwohnerzahlen in Millionen: Russland und seine wichtigsten Partner (DSW 2006: 6ff)

| Land | 2006 | 2025 | 2050 |
|---|---|---|---|
| Russland | 142,3 | 130,0 | 110,3 |
| China | 1311,4 | 1476,0 | 1437,0 |
| Deutschland | 82,4 | 82,0 | 75,1 |
| Iran | 70,3 | 89,0 | 101,9 |
| Japan | 127,8 | 121,1 | 100,6 |
| Kasachstan | 15,3 | 16,0 | 15,2 |
| Türkei | 73,7 | 86,0 | 89,5 |
| Ukraine | 46,8 | 41,7 | 33,4 |
| USA | 299,1 | 349,4 | 419,9 |

Unter den bevölkerungsreichsten Ländern der Welt stand die Sowjetunion auf Platz 3, Russland befand sich im Jahre 2003 an 7. Stelle, 2050 ist es auf der 18. Position zu erwarten. Die Bevölkerungsgröße wird Russland, anders als im 19. und 20. Jahrhundert, in Zukunft nicht mehr selbstverständlich einen Platz im Reigen der großen Mächte garantieren.

Wie sieht es hinsichtlich der Ökonomie aus? Die Wirtschaft und somit auch die Steuereinnahmen konnten in den 1990er Jahren nicht stabilisiert werden. Ende des Jahrzehnts betrugen die Devisenreserven unter 20 Mrd. US-Dollar, das Durchschnittseinkommen betrug (nach dem Zusammenbruch des Rubels 1998) umgerechnet unter 100 US-$ monatlich. Auslandsschulden in dreistelliger Milliardenhöhe beeinträchtigten die außenpolitische Handlungsfähigkeit.

Von 1999 bis in den Herbst 2008 war ein stetiges Wirtschaftswachstum von durchschnittlich jährlich über 7% zu verzeichnen, das auch optimistische Erwartungen übertraf. Die seit Beginn der 90er Jahre vernachlässigten Investitionen stiegen noch rascher, allerdings von einem außerordentlich niedrigen Niveau aus. Die Ausrüstung der Industrie ist durchschnittlich nach wie vor nur wenig konkurrenzfähig. Die Energieintensität pro BIP-Einheit belief sich 2007 auf das Dreieinhalbfache von OECD-Ländern.

Die Auslandsschulden waren bereits 2006 weitgehend abgebaut, und Mitte 2008 beliefen sich die Devisenreserven auf etwa 600 Mrd. US-Dollar, die nach China und Japan dritthöchsten der Welt. Noch 2003 betrug das BIP zu Marktpreisen weniger als ein Fünftel vom Wert Deutschlands. Präsident Wladimir Putin (2000-2008) erklärte Ende 2007, dass sein Land die Wirtschaft Italiens überholt habe, Frankreich werde es 2009 überrunden und im Jahre 2020 die fünfgrößte Volkswirtschaft der Welt sein. Diese Rechnungen basieren jedoch auf Kaufkraftäquivalenten, in Wechselkursen gerechnet betrug der Umfang der russischen Wirtschaft 2010 nur etwa 35% der deutschen Volkswirtschaft. Der Anteil Russlands am weltweiten BIP zu Marktpreisen betrug im Jahre 2006 lediglich 2,6%, laut der optimistischen offiziellen Prognose sollen es im Jahre 2020 3,4% sein. Zu Marktpreisen berechnet stand Russland 1999 weltweit an 22. Stelle, 2006 an der 11. und 2008 an der neunten Position.

Russland war nach dem Herbst 2008 vom Rückgang der Rohstoffpreise und der Finanz- und Wirtschaftskrise in besonderer Weise betroffen. Seit 2010 weisen alle Indikatoren wieder deutlich nach oben, und die russische Führung hat in einigen Sektoren eine geschickte Industriepolitik betrieben, z.B. hinsichtlich des Kraftfahrzeugbaus. Im Großen und Ganzen bleibt die Wirtschaft jedoch in einem gefährlich hohen Grade von externen Faktoren abhängig und weist zu wenig Dynamik auf. Dies wird sich vermutlich erst ändern, wenn berechenbare rechtsstaatliche Verhältnisse Einzug halten. Der Kreml scheint sich insbesondere seit der Amtsübernahme von Dmitri Medwedew darum zu bemühen, aber bislang kann von Erfolgen kaum die Rede sein.

Die Ausgaben für Forschung und Entwicklung (FuE) beliefen sich 1990 auf über 2% des BIP. Sie sanken in den folgenden Jahren noch stärker als die Wirtschaftsleistung, stiegen seit der Jahrhundertwende wieder etwas an und betragen derzeit 1,2% des BIP. Laut offiziellen Planungen soll der weltweite Anteil an den Hochtechnologieexporten von 2,6% im Jahre 2008, die sich auf wenige Güter der Rüstungsindustrie, des Kraftwerkbaus und der Raumfahrt beschränken, bis zum Jahre 2020 auf 10% ansteigen. Der Anteil der FuE am BIP soll auf 3,5% bis 4% anwachsen. Es ist unwahrscheinlich, dass die ehrgeizigen Pläne auch nur annähernd realisiert werden können. Derzeit stellt Russland in Kaufkraftparitäten 2% der weltweiten FuE-Ausgaben, der Anteil der USA beträgt 35%, der EU-Länder 24%, der Japans und Chinas je 12%.

Die Raumfahrt ist seit langem eine der technologischen Stärken des Landes. Fast die Hälfte der weltweiten Raketenstarts in den vergangenen Jahren sind Russland zuzurechnen, während der Anteil der USA etwa ein Viertel betrug. Es ist jedoch fraglich, ob Russland in der Lage sein wird, seine starke Position zu verteidigen: China schickt sich an, Russland in den Ausgaben für die Raumfahrt zu überholen, die Länder der EU wandten 2009 mehr als das Doppelte und die USA mehr als das Achtfache Russlands für diesen Bereich aus.

Russland hat seinen außenpolitischen Spielraum in den ersten Jahren nach der Jahrhundertwende durch den raschen Abbau der Auslandsschulden erhöhen können, bleibt aber auf hohe Investitionen von westlichen Unternehmen angewiesen, um seine Produktion modernisieren zu können. Der Anteil an der weltweiten Wirtschaftsleistung wird voraussichtlich weiter ansteigen, aber im Vergleich mit derjenigen der EU-Länder, der USA und künftig auch Chinas wenig beeindruckend sein. Eine Großmachtposition wird sich durch die ökonomische Stärke des Landes nicht ableiten lassen. Könnten die umfangreichen Energiereserven eine solche Position sichern?

Russland verfügte nach Angaben von 2006 über 26,6% der weltweit nachgewiesenen Gasreserven sowie 6,2% der Ölreserven.

Es förderte 21,6% des weltweit gewonnenen Gases bzw. 12,1% des Öls. 80% des weltweiten Zuwachses der Ölförderung außerhalb der „OPEC"-Länder zwischen 2000 und 2007 gingen auf das Konto Russlands. Auch die Erdgas- und Steinkohleförderung stieg deutlich an (Engerer 2008: 114). Experten halten es zudem für wahrscheinlich, dass es doppelt so große Ölvorkommen gibt wie derzeit nachgewiesen. Ähnliches trifft auf Gas zu. Russland besitzt zudem erhebliche Kohlelager und führt bereits 20% seiner Fördermenge aus. Zudem hat es das Potenzial, die Produktion landwirtschaftlicher Güter, z.B. von Biokraftstoffen, erheblich auszuweiten.

In den vergangenen Jahren wurden Zweifel laut, ob Russland in der Lage sein werde, seinen vereinbarten Lieferverpflichtungen nachzukommen, weil die – nunmehr häufig staatlich kontrollierten – Energiekonzerne nur unzureichend in die Erschließung von Vorkommen investierten. Die Mehrheit der Experten hält diese Sorgen für nicht stichhaltig und erwartet eine, wenngleich moderat, steigende Förderung.

Die wirtschaftliche Entwicklung Russlands ist in hohem Maße von den Rohstoffpreisen abhängig. Der Anteil des Energiesektors an den Staatseinnahmen beträgt nach offiziellen Angaben annähernd 50%, sein Anteil am Export ist von 50% im Jahre 2000 auf über 60% im Jahr 2008 angestiegen (Engerer 2008: 112). Nach Angaben der Weltbank trägt der Öl- und Gassektor 20% zur Wirtschaftsleistung bei (s. auch Stulberg 2007: 68). Länder der EU und Russland sind auf die wechselseitigen Lieferbeziehungen angewiesen. Dies wird sich auf absehbare Zeit nicht ändern, selbst dann nicht, wenn Projekte verwirklicht werden, die Gas aus Afrika oder Zentralasien nach Süd- und Mitteleuropa transportieren.

Gibt es Anzeichen dafür, dass Russland seine Energiemacht zu instrumentalisieren versucht oder dies in Zukunft tun könnte, wie manche Beobachter befürchten? Mangelnde Softpower könnte auf diese Weise durch die Hardpower der Energiemacht ausgeglichen und eingesetzt werden, um politische Ziele zu erreichen. Der damalige Präsident Putin betonte zwar im Herbst 2006, dass er zu keiner Zeit Russland als „Energiesupermacht" bezeichnet habe (Denisov 2008). Die Ausweitung der staatlichen Kontrolle im Öl- und Gassektor in Russland wurde und wird zudem von einer Privatisierung der

Stromproduktion und der Kohleförderung sowie einer gewissen Liberalisierung des Gasmarkts begleitet. In der offiziellen „Energiestrategie" Russlands hieß es jedoch bereits 2003, dass die Naturressourcen ein grundlegendes Element der Außenpolitik sein sollten.

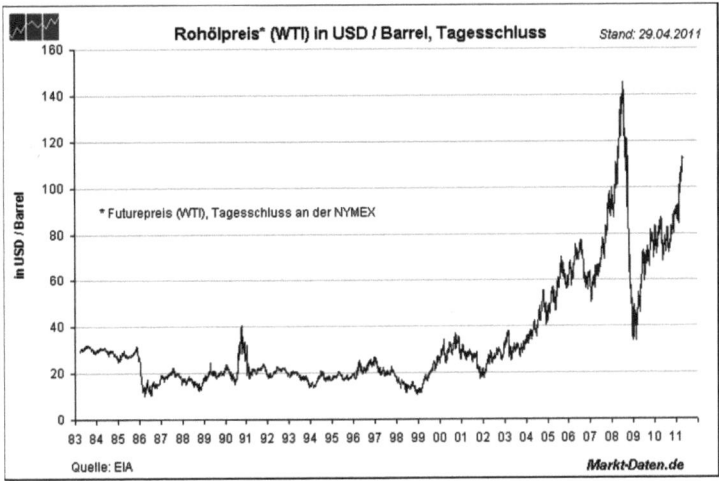

Quelle: http://www.markt-daten.de/charts/rohstoffe/oel.htm

Kritiker führen an, dass Russland, anders als über 50 andere Staaten, die „Energiecharta" nicht ratifiziert habe, die Regeln für die Produktions- und Lieferbeziehungen beinhaltet. Andererseits muss festgestellt werden, dass kein wichtiger Exporteur (etwa Norwegen oder Kanada) die Charta ratifiziert hat. Russland ist auch nicht bereit, mit den OPEC-Ländern gemeinsam zu handeln, wie sich wiederholt zeigte. Mitunter wird von der russischen Seite ein Gaskartell ins Gespräch gebracht, um die eigene Verhandlungsposition zu verbessern. Eine solche Anbietervereinigung ist auf absehbare Zeit jedoch allein aufgrund der meist sehr langfristigen Verträge nicht möglich (Wipperfürth 2009).

Auf welche Weise versuchte die russische Führung die Naturressourcen zu einem grundlegenden Element der Außenpolitik zu machen? Sie ist überzeugt, dass die Energiereserven Russland zu einem unersetzbaren Teil und einem der Zentren des internationalen Systems machen. Es ist möglich, aber nicht sicher, dass dies in Zukunft so sein könnte. Bislang ist es nur eingeschränkt der Fall. Die Energieexporte tragen jedoch dazu bei, dass Russland unangreifbar bleibt. Eine gravierende Störung der Energieproduktion dürfte für alle am Konflikt beteiligten Parteien und darüber hinaus nach kurzer Zeit weltweit zu einem wirtschaftlichen Zusammenbruch führen. Eine existenzielle Gefährdung Russlands würde noch aus einem weiteren Grund für den Herausforderer von selbstzerstörerischer Wirkung sein: Russland besitzt weiterhin eine nukleare Parität mit den USA und verfügt über mehr einsatzfähige Sprengköpfe als China, Frankreich und Großbritannien zusammen genommen.

Um die Einsatzfähigkeit der konventionellen Streitkräfte allerdings war es zumindest in den fast 20 Jahren nach dem Ende der UdSSR schlecht bestellt. Ende der 80er Jahre lag der Anteil der Rüstungsausgaben am sowjetischen BIP bei etwa 16%, am bundesdeutschen BIP hingegen bei knapp 3% und am US-amerikanischen bei knapp 6% (Sipri 2007(1)). Die russischen Rüstungsausgaben sanken im Verlauf der 90er Jahre rasch unter 4%. Zwischen 1992 und 1998 verringerten sich die Ausgaben für die Waffenbeschaffung um 95% und für die Waffenproduktion um 90% (Taylor 2007: 11). Zudem prägten fehlende Unterkünfte und Mangelernährung für Armeeangehörige das Bild.

Als Folge dessen nahm die Gewalt unter den Rekruten noch zu, die bereits zuvor in den sowjetischen Streitkräften grassiert hatte. Die Einsatzfähigkeit der Armee litt erheblich, wie sich im ersten Tschetschenienkrieg Mitte der 90er Jahre herausstellte. Aufgrund der Schwäche der konventionellen Streitkräfte rückte Russland bereits 1993 von der Zusicherung ab, im Falle eines Nuklear- oder groß angelegten konventionellen Angriffs nicht als Erster Kernwaffen einzusetzen (einige Beobachter geben hierfür das Jahr 2000 an) (Donaldson 2009: 117f.).

Stärke der russischen Streitkräfte

| Mitte 1992 | 1994 | 2007 | 2008 | 2016 (geplant) |
|---|---|---|---|---|
| 2.800.000 | 1.700.000 | 1.200.000 | 1.150.000 | 1.000.000 |

Hinzu kommen noch über 800.000 zivile Mitarbeiter.

Nach 2000 bewegten sich die Rüstungsausgaben zunächst in einem Rahmen von 2,5% bis 2,8% des BIP, die mittelfristige Finanzplanung sah im Jahre 2007 für die Jahre bis 2015 eine weitere Abnahme auf 2,5% bis 2,6% vor (Cooper). Ende 2010 wurden jedoch zur Flankierung der Armeereform (s.u.) steigende Ausgaben beschlossen, sodass sich der Anteil der Rüstungsausgaben bis 2017 auf knapp 3% des BIP belaufen wird. Ursprünglich waren für 2011 Ausgaben in Höhe von umgerechnet 49 Mrd. US-Dollar geplant, im November 2010 wurden sie auf 63 Mrd. US-Dollar angehoben. Weitere hohe Beträge, die anderen Etatposten zugeordnet sind, kommen hinzu. Aber selbst unter ihrer Berücksichtigung bleibt der Anteil der Verteidigungsausgaben am BIP etwa im weltweiten Durchschnitt. In US-Dollar oder Euro gerechnet sind sie im ersten Jahrzehnt des Jahrhunderts aufgrund des stärkeren Rubels allerdings beträchtlich gestiegen.

Die Rüstungsausgaben der Länder mit den höchsten Ausgaben, Angaben in Milliarden US-Dollar zum jeweiligen Wechselkurs

| Staat | Jahr bzw. Rang | |
|---|---|---|
|  | 2005 | 2009 |
| USA | 528,7 (1) | 661,0 (1) |
| Großbritannien | 59,2 (2) | 58,3 (4) |
| Frankreich | 53,1 (3) | 63,9 (3) |
| China | 49,5 (4) | 100,0 (2) |
| Japan | 43,7 (5) | 51,0 (6) |
| Deutschland | 37,0 (6) | 45,6 (7) |
| Russland | 34,7 (7) | 53,3 (5) |
| Indien | 23,9 (8) | 36,3 (8) |

(Sipri 2007(2): 12 sowie Sipri 2010: 11)

Wenn nicht in Marktwechselkursen, sondern in Kaufkraftparitäten gerechnet wird, müssten die Werte für China, Russland und Indien deutlich höher veranschlagt werden.

Die Streitkräfte genießen in Russland traditionell eine besondere Wertschätzung. Ein kostspieliger Rüstungswettlauf mit dem Westen oder China ist gleichwohl nicht zu erwarten, die russische Führung macht jedoch ihre Entschlossenheit deutlich, die nukleare Parität mit den USA weiter zu wahren. Seit dem Jahre 2004 wird eine steigende Anzahl von Tests mit neu entwickelten boden- sowie seegestützten Interkontinentalraketen durchgeführt, die denjenigen der USA zumindest ebenbürtig sind.

Die konventionellen Streitkräfte gewinnen seit etwa 2010 wieder an Kampfkraft, nachdem in den Jahren zuvor lediglich das Tempo ihres Niedergangs vermindert worden war. Die im Herbst 2008 verkündete Armeereform wird seither mit unerwartet großem Nachdruck umgesetzt, nachdem in den vorhergehenden Jahren Versuche im Grundsatz gescheitert waren. Ihre Eckpunkte sind eine Verringerung der Stärke der Streitkräfte, eine Halbierung der im internationalen Vergleich aufgeblähten Anzahl der Offiziersstellen, eine erhebliche Erhöhung des bisher sehr niedrigen Solds, die Anpassung der nach wie vor sowjetisch geprägten Kommando- und Kontrollstrukturen an moderne Erfordernisse und die Stärkung schneller Reaktionskräfte. Die Streitkräfte sollen zukünftig bei voller Mobilisierung nur noch 1,7 Mio. Mann umfassen, bislang waren für diesen Fall 4 bis 8 Mio. Mann vorgesehen.

Die russischen Streitkräfte werden in Zukunft mehrere kleine Operationen zugleich durchführen können. Die mobilen Einheiten könnten insbesondere im instabilen Zentralasien zum Einsatz kommen und somit Einfluss wahren und stärken. Dies entspräche durchaus den Interessen des Kreml. Auf der anderen Seite hat er aber etwa 2005 oder 2010 nur sehr bedingt als Stabilitätsanker in der Region wirken wollen (s.u.). Es ist möglich, aber nicht sicher, dass sich die russische Führung künftig der dann einsatzfähigeren Streitkräfte bedienen wird, selbst wenn dies der Westen begrüßen sollte, was in Bezug auf Zentralasien denkbar, wenn nicht wahrscheinlich ist.

Russlands Fähigkeit, durch Softpower politische Ziele zu erreichen ist vergleichsweise niedrig, die Anziehungskraft nach außen begrenzt. Dies liegt nicht nur an den offenkundigen Schwächen des Landes: Russland ist sowohl im Innern als auch in Bezug auf die internationalen Beziehungen nach wie vor auf der Suche nach dem eigenen Standort und kann allein aus diesem Grund wenig Attraktivität entfalten. Russland besitzt zwar partiell eine beträchtliche Hardpower. Sie ist als aktiv einsetzbares Instrument der Politik aber nur eingeschränkt geeignet, nicht zuletzt aufgrund der wechselseitigen Abhängigkeiten bzw. Globalisierungsprozesse. Dieser Prozess könnte sich in Zukunft verstärken.

## 2.2 Weltanschauliche Grundlagen

Im März 1991, also neun Monat nach der „Unabhängigkeit" Russlands von der Sowjetunion (die bis Dezember 1991 weiterhin bestand) verstanden sich nach einer Umfrage fast zwei Drittel der Interviewten als Bürger der Sowjetunion, nicht Russlands (Wilhelmi 2002: 33). Noch 2001 neigte fast ein Drittel der Befragten dazu, sich als Bürger der UdSSR zu bezeichnen oder bekundete Unsicherheit darüber, welchem Staat sie sich verbunden fühlen. In Umfragen bedauerten 2006 etwa zwei Drittel der Bürger Russlands das Ende der UdSSR. In Weißrussland und der Ukraine war es jeweils über die Hälfte der Befragten (Trenin 2005: 69, 80). Diese Werte ähneln den in den 90er Jahren gewonnenen Angaben (Dubin 2006: 20). Nach Erhebungen aus dem Jahre 2010 scheint das Bedauern bei den Jüngeren mittlerweile deutlich nachzulassen.

Der Bevölkerung ist das Ausmaß des stalinistischen Terrors durchaus bewusst. Lediglich 9% der Befragten vertraten 2007 die Auffassung, dass „sie historisch zu rechtfertigen" seien, während 72% dies nachdrücklich bestritten (Lewada 2007). Es handelt sich bei dem Bedauern über das Ende der UdSSR auch nicht um eine Verklärung imperialer Politik, sondern vielmehr um ein Verlangen nach sozialer Sicherheit, einem funktionierenden Staatswesen aber auch einer geachteten außenpolitischen Stellung. All dies glaubt ein hoher Prozentsatz der Bevölkerung heutzutage nur in einem unzureichenden Maße zu finden.

In Umfragen werden sowohl die Zaren als auch die demokratischen Ansätze Russlands zu Beginn des 20. Jahrhunderts und die Person Lenins weithin positiv beurteilt. Diese Haltung ist nur scheinbar widersprüchlich. Die Bevölkerung sucht (fast) überall dort Orientierung, wo sie sich bietet. Unter Präsident Jelzin wurde sogar in einem landesweiten Wettbewerb nach einer „nationalen Idee" gesucht, um das offenkundige Bedürfnis der Menschen nach Orientierung befriedigen zu können. Der Sieger der Ausschreibung propagierte Werte des 19. Jahrhunderts. Unter Putin erfolgte eine Revitalisierung von Symbolen, seien es zaristische Orden oder die Melodie der sowjetischen Nationalhymne, die von der Bevölkerung weithin begrüßt wurde. Putin sprach sich bereits zu Beginn seiner Amtszeit gegen eine neue Staatsideologie aus, betonte jedoch nachdrücklich und wiederholt die Bedeutung und positive Wirkung des Patriotismus. Dieser eint Akteure jeglicher weltanschaulicher Couleur, von wenigen Ausnahmen abgesehen, und hat seit der Jahrhundertwende noch an Bedeutung gewonnen. Es herrscht Einigkeit, dass Russland eine (wirkliche) Großmacht sein solle. Dieser Wunsch bewegt überproportional stark Kommunisten, Jüngere und diejenigen, die in sicheren wirtschaftlichen Verhältnissen leben. Darüber hinaus herrscht ein grundsätzlich positives und ungebrochenes Verhältnis zur russischen bzw. sowjetischen Außenpolitik der Vergangenheit.

Zu Beginn der 90er Jahre nahm Selbstkritik einen breiteren Raum ein, aber auch unter Präsident Putin ließen sich deutliche Anzeichen einer vereinzelten Distanzierung von der Außenpolitik der Vorgängerregime finden. So stellte der damalige Außenminister Igor Iwanow 2002 fest, dass es sowohl zu Zeiten des Zarenreiches als auch der UdSSR Elemente imperialer Außenpolitik gegeben habe, denen sich Russland stellen müsse. Im Jahre 2006 konstatierte Putin bei Staatsbesuchen in Ungarn bzw. der Tschechischen Republik, das heutige Russland sei nicht die Sowjetunion, fühle jedoch „selbstverständlich" eine „gewisse moralische Verantwortung" für das Blutvergießen von 1956 bzw. die Niederschlagung des „Prager Frühlings". 2009/10 gab es noch deutlichere Gesten gegenüber Polen.

Es herrscht jedoch annähernde Einmütigkeit, dass es weder sachlich gerechtfertigt sei, noch der Würde eines großen Landes entspreche, wenn sich Russland aufgrund seiner Geschichte in eine prinzipielle Defensivposition begebe. Die Beispiele imperialer Politik der Vergangenheit sollten nicht „als Mittel und Argument zur Aufrechterhaltung von Feindseligkeit", sondern als mahnende Lehre dienen (Iwanow 2002: 57f.). Diese Haltung führt insbesondere in Ostmittel- und Osteuropa zu Irritationen. Sie wird grundsätzlich jedoch selbst von der unbequemen Menschenrechtsorganisation „Memorial" geteilt, die seit dem Ende der 80er Jahre für die Aufarbeitung der stalinistischen Verbrechen und die Rehabilitierung der Opfer kämpft.

Das prinzipiell positive Verhältnis zur russisch-sowjetischen Geschichte, das deutliche Bedauern des Endes der Sowjetunion und der Wunsch nach einer starken außenpolitischen Stellung führen keineswegs zu einem verbreiteten Wunsch nach einer Wiederherstellung der UdSSR. Im Jahre 2004 lehnten in einer Umfrage über 80% der Befragten eine Politik ab, die sich eine erneute Vereinigung der GUS-Länder zu einem einheitlichen Staat zum Ziel setzt. Die Befürworter der Idee einer neuen UdSSR sind meist fortgeschrittenen Alters. Auf die Frage: „Welche Ziele soll Russland erreichen, um sich als Großmacht zu qualifizieren" wurden folgende Antworten gegeben. (Bis zu zwei waren möglich):

| | |
|---|---|
| Eine entwickelte Wirtschaft | 55% |
| Ein hohes Wohlstandsniveau für seine Bürger | 36% |
| Mächtige Streitkräfte | 24% |
| Eine entwickelte Wissenschaft und Technologie | 20% |
| Die Kontrolle über das Territorium der ehemaligen UdSSR | 7% |
| Die Beachtung demokratischer Normen bzw. der Menschenrechte | 7% |

Die Bevölkerung sieht die Hauptaufgabe der politischen Führung unzweideutig in der Lösung der inneren Probleme und nicht in der Stärkung der außenpolitischen Stellung. Das Land soll nach außen stärker werden, indem es im Innern an Kraft gewinnt.

In weiteren Umfragen gab es folgende Ergebnisse:

|  | 2005 | 2007 |
|---|---|---|
| Russland soll sich bemühen, auf dem gesamten Gebiet der ehemaligen UdSSR zu dominieren | 33% | 26% |
| Die Beziehungen Russlands zu den Staaten der ehemaligen UdSSR sollen so sein wie zu jedem anderen Land | 57% | 67% |
| Keine Antwort | 10% | 7% |

Die große Mehrheit sowohl der Eliten als auch der Bevölkerung wünscht eine selbstbewusste und durchaus machtbetonte, aber keine imperial gefärbte, hohe Kosten verursachende Außenpolitik. Die sowjetische Epoche tritt zunehmend in den Hintergrund zurück. Die zahlreichen Krisen im GUS-Raum, ob zwischen Russland und der Ukraine, Weißrussland oder Georgien, haben insbesondere seit der Jahrhundertwende zu einer gewissen emotionalen Distanzierung von den postsowjetischen Nachbarn beigetragen. Gleichwohl reagieren sowohl die Führung als auch die Bevölkerung in besonderer Weise emotional, wenn Konflikte mit postsowjetischen Nachbarn ausgetragen werden. Der Ablösungsprozess ist noch nicht abgeschlossen.

Historisch begründete Vorbehalte oder Aversionen gegenüber Russland, etwa in Ostmitteleuropa, rufen tendenziell eher Unverständnis oder Gereiztheit hervor als ein latent schlechtes Gewissen auszulösen. Dies liegt teils daran, dass sich etwa Polen und Russland auf unterschiedliche Aspekte ihrer zweiseitigen Beziehungen konzentrieren, aber die eigentliche Ursache liegt tiefer: In Russland gibt es praktisch keine Aversionen gegen Deutschland und keine Neigung, mit historischen Belastungen zu argumentieren, um den Partner zu bestimmten Handlungen zu veranlassen. Genauso zeigt Russland auch wenig Neigung, dies anderen zuzugestehen. Diese Haltung wird im Westen kaum wahrgenommen, obgleich sie für eine angemessene Interpretation der russischen Politik von beträchtlicher Bedeutung ist.

Da im russischen Denken Kategorien wie „Macht" und (verletzter) Stolz auf die eigene Nation und Geschichte eine herausragende Rolle spielen, ist es nicht überraschend, dass Russen in der Außenwelt ähnliche Muster erwarten. So waren russische Politiker in den 90er Jahren enttäuscht, dass Deutschland seine Westbindung nicht relativieren wollte. Dieses Schema machte sich auch nach der Jahrhundertwende wiederholt bemerkbar. Deutsche und westliche Beteuerungen über den Abschied von der Machtpolitik und die Herrschaft des Rechts werden aus russischer Perspektive eher als taktisch gedeutet denn als Ausdruck der Überzeugung. Man sieht die internationalen Beziehungen stärker durch Konkurrenz als durch Kooperation geprägt, anders als tendenziell in westlichen Staaten. Multilateralismus ist kein Ziel an sich, sondern Instrument (Lo 2002: 88). Diese Sichtweisen mögen beispielsweise mit den stärker durch Macht als durch Recht geprägten Verhältnissen innerhalb Russlands zusammenhängen, aber auch mit der schieren Bedeutung und Großmachtvergangenheit des Landes. Der Kreml sah sich in seiner Deutung des Charakters der internationalen Beziehungen zudem durch die US-Politik unter Präsident George W. Bush (2001-2009) bestätigt. Der Westen besaß bereits zuvor weithin keine außenpolitische Vorbildfunktion mehr, auch nicht für zahlreiche russische Demokraten, die auf den Kosovo- (1999) oder den Irakkrieg (2003) verweisen.

Spätestens seit Mitte der 90er Jahre lässt sich ganz allgemein eine deutliche Rückbesinnung auf eigene Traditionen und Werte nach den Jahren einer Ausrichtung auf den Westen feststellen. So hat sich die russisch-orthodoxe Kirche zu dieser Zeit auf Grund des Drucks aus den Gemeinden aus der Ökumenebewegung zurückgezogen. Zu Beginn der zweiten Amtszeit Präsident Putins (2004-08) prägte Wladimir Surkow, der als „Chefideologe" des Kreml galt, den Begriff der „Souveränen Demokratie". Surkow betonte zwar Mitte 2006, die russische Version der europäischen Kultur weise nicht mehr Spezifika auf als die britische, deutsche oder französische. Der Begriff der „souveränen Demokratie" wurde gleichwohl sowohl innerhalb als auch außerhalb Russlands als Indiz für die Entschlossenheit gewertet, einen betont eigenen Weg zu gehen.

# 3 Außenpolitik unter Präsident Boris Jelzin (1991-1999)

Die Sowjetunion begann 1988/89 entlang ethnischer Bruchlinien zu zerfallen. Im Baltikum zeigte sich ein starker Unabhängigkeitsdrang, und im Südkaukasus setzten gewaltsame Konflikte zwischen verschiedenen Ethnien ein. Putschisten versuchten im August 1991 die Union zu retten und ein repressives System wieder herzustellen, was das Ende des Vielvölkerstaates jedoch nur beschleunigte. Der noch amtierende sowjetische Präsident Michail Gorbatschow bemühte sich im Herbst 1991 um Unterstützung für eine Union auf neuer Grundlage, die für Fragen der Außen- und Verteidigungspolitik verantwortlich bleiben sollte, scheiterte jedoch.

## 3.1 1991/92: Die „romantische Phase"?

Am 8. Dezember 1991 gründeten die Präsidenten Russlands, der Ukraine und Weißrusslands die „Gemeinschaft slawischer Staaten". Als weitere Länder beitreten wollten, wurde am 25. Dezember mit der Gründung der „Gemeinschaft Unabhängiger Staaten" (GUS) das Ende der UdSSR besiegelt, lediglich Georgien verweigerte als einziges Land des postsowjetischen Raums seinen Beitritt. Es verstand sich von selbst, dass die baltischen Länder keine Veranlassung sahen, sich an dem Projekt zu beteiligen, Russland wirkte auch nicht darauf hin.

Die Grenzen zwischen den 15 Unionsrepubliken der ehemaligen UdSSR waren Ende 1991 in zahlreichen Fällen nicht nur umstritten, sondern auf über 13.000 Kilometern nicht einmal eindeutig festgelegt. Sie fielen zudem für das alte Kernland der UdSSR mitunter unvorteilhaft aus. Die Lage ähnelte derjenigen in Mitteleuropa nach dem Ersten Weltkrieg und hätte Anlass für blutige Konflikte großen Ausmaßes sein können. Der Westen beobachtete den Zerfall der UdSSR darum keineswegs mit Befriedigung, ihn bewegte insbesondere die Sorge um die Sicherheit der Kernwaffen. Folgerichtig warnte US-Präsident George Bush (sen.) Mitte 1991 in Kiew öffentlich vor der Unabhängigkeit und „selbstmörderischem Nationalismus" (Walker 2003: 127). Der Westen versuchte bis in den Spätherbst 1991, den sowjetischen Präsidenten Gorbatschow zu stützen.

Russland trat die Rechtsnachfolge der zerbrochenen Sowjetunion an. Hierzu gehörten nicht nur die Rechte, wie der Ständige Sitz im Weltsicherheitsrat der Vereinten Nationen, sondern auch die Verpflichtungen, zu denen insbesondere die Auslandsschulden der UdSSR in Höhe von rund 100 Mrd. US-Dollar zählten.

Die GUS konnte zum Zeitpunkt ihrer Gründung nur als Staatenbund betrachtet werden. Bei Volksabstimmungen in verschiedenen Ländern des postsowjetischen Raums hatte 1991 zwar jeweils eine große Mehrheit für die Unabhängigkeit votiert, eine unionsweite Abstimmung war zuvor jedoch ebenso deutlich zugunsten des Erhalts der UdSSR ausgefallen. Die Menschen waren durch unzählige persönliche Kontakte miteinander verbunden und die Staaten hatten keine bzw. eine mehrere Generationen zurückliegende eigenstaatliche Tradition. So akzeptierten die Staaten Zentralasiens ihre Unabhängigkeit eher zögernd. Ende 1991 befanden sich nicht nur 25 Millionen Russen außerhalb der Grenzen ihres Mutterlandes, sondern auch 50 Millionen Angehörige anderer Nationen. Es gab zahlreiche Faktoren, die dafür sprachen, die GUS mit echtem Leben zu erfüllen.

In den ersten Monaten nach der Auflösung der UdSSR war geplant, weiter gemeinsame Streitkräfte zu unterhalten. Insbesondere die Ukraine war jedoch hierzu nicht bereit. Zu dieser Zeit wurden die in der Ukraine stationierten Truppen von Offizieren befehligt, die zu 75% ethnische Russen waren (Donaldson 2009: 166). Russland (ebenso wie die anderen GUS-Länder) entschloss sich letztlich zum Aufbau nationaler Einheiten. Im Mai 1992 wurde mit dem „Vertrag über kollektive Sicherheit" das Ende der gemeinsamen Streitkräfte besiegelt. Russland und die Mehrzahl der anderen kooperationswilligen Staaten zögerten jedoch mit der Ratifizierung, denn die Vereinbarung sah eine Beistandsklausel und ein kollektives Sicherheitssystem vor, die sie in gewaltsame Auseinandersetzungen hätten ziehen können. Russland unterlief im Juni 1992 zudem das Vorhaben zahlreicher GUS-Länder, eine gemeinsame Grenzsicherung zu schaffen bzw. beizubehalten (Wilhelmi 2002: 65, 89f.).

Neben der Ukraine war vor allem Russland der Ansicht, dass eine Schaffung oder auch nur Pflege integrativer Elemente häufig den eigenen Interessen zuwiderliefe. So ordnete der Kreml Anfang 1992 revolutionäre Änderungen der Wirtschaftspolitik an, ohne die GUS-Partner darüber auch nur in Kenntnis zu setzen, wozu Moskau verpflichtet gewesen wäre. Die Maßnahmen wirkten sich nicht nur für Russland, sondern auch für die anderen Länder, deren Währung der Rubel war, desaströs aus. Der postsowjetische Raum stand offensichtlich nicht im Fokus der russischen Politik. Der 1990 zum russischen Präsidenten gewählte Boris Jelzin schien mit Nachdruck in Richtung Westen zu streben.

Er kündigte im Dezember 1991 in einem Brief an die Staatsoberhäupter der NATO-Staaten einen möglichen Aufnahmeantrag Russlands für die nähere Zukunft an. Jelzin erhielt ausweichende Antworten und stellte in einem zweiten Schreiben klar, missverstanden worden zu sein: Russland strebe zunächst keine Mitgliedschaft an. Im Mai 1992 schlug Jelzin US-Präsident Bush (sen.) eine Allianz zwischen beiden Ländern vor, die jener jedoch für nicht erforderlich hielt, da der Kalte Krieg beendet sei. Beide Länder schlossen gleichwohl einen Vertrag, in dem sie ihrer Beziehung eine „reife und strategische Partnerschaft" attestierten, die sich auf „Gleichheit, gegenseitigen Vorteil und die Respektierung der nationalen Interessen des anderen" gründe. Im Sommer 1992 bezeichnete Jelzin die westlichen Länder als die „natürlichen Verbündeten Russlands" (Petro 1997: 305; Tsygankov 2004: 46).

Die Verfechter einer Westausrichtung Russlands verloren jedoch bereits Mitte 1992 an Rückhalt. Außenminister Andrei Kosyrew, der den Westkurs personifizierte, wurde die Vernachlässigung der nationalen Interessen und eine naive Weltsicht vorgeworfen: Außenpolitik lasse sich nicht auf den Kampf zwischen dem demokratischen Guten und dem nicht-demokratischen Schlechten reduzieren. Auch Demokraten wie Wladimir Lukin äußerten sich in dieser Weise (Lo 2002: 46). Diese Kritik galt letztlich nicht nur der aktuellen Führung, sondern auch der sowjetischen der Jahre 1989-91. So war der Rückzug der UdSSR aus Ostmitteleuropa kaum von Versuchen Moskaus begleitet gewesen, sicherheitspolitische oder andere Interessen vertraglich abzusichern, wenn man vom deutschen Sonderfall absieht. Im Unterschied hierzu hatten europäische Länder hierauf bestanden, als sie sich in den 1950er und 60er Jahren aus ihren Überseegebieten zurückzogen (Simes 2007).

Das Ende der Ost-West-Konfrontation wurde in Russland weithin als Ergebnis einer Wandlung im Innern der Sowjetunion gedeutet, während beispielsweise Präsident Bush (sen.) Ende 1992 betonte, dass die USA „mit Gottes Gnade (…) den Kalten Krieg gewonnen" hätten. In Russland setzte sich hingegen die Haltung durch, die sowjetisch/russische Politik von 1989 bis 1992 als Vorleistung zu betrachten, die vom Westen nur gänzlich unzureichend honoriert worden sei. Zudem schienen auch Demokraten die Erfahrungen der Jahre 1991/92 allzu ernüchternd zu sein, um in absehbarer Zukunft eine Integration in den nordatlantischen Raum erwarten zu können.

Im Herbst 1992 war die Zahl der Unterstützer des Kosyrew-Kurses selbst in seinem eigenen Ministerium auf einen kleinen Kreis zusammengeschmolzen. Er unternahm den Versuch, durch eine härtere Rhetorik gegenüber dem Westen seine Isolation zu durchbrechen, hatte jedoch wegen mangelnder Glaubwürdigkeit keinen Erfolg. Im Dezember 1992 wurde Ministerpräsident Jegor Gaidar, der führende Verfechter der liberalen „Schocktherapie", die zu großen sozialen Problemen geführt hatte, ohne die Wirtschaft zu stabilisieren, durch Viktor Tschernomyrdin ersetzt. Junge Liberale mussten weithin erfahrenen Kadern weichen. Der Westen verlor innerhalb kurzer Zeit in der Außen- wie auch der Innenpolitik einen Großteil seiner Vorbildfunktion, sowohl für die Mehrheit der Eliten als auch für die Bevölkerung. Es setzte sich die Auffassung durch, dass im Falle einer Implementierung westlicher Muster den Spezifika des Landes deutlich stärker Rechnung getragen werden müsse bzw. eine solche nicht möglich oder gar nicht wünschenswert sei.

Kommunisten und Nationalisten erstarkten, und Ende 1992 war die später häufig als „romantische Phase" der russischen Außenpolitik bezeichnete Ära beendet. Die liberale Vision wurde durch realpolitische Begriffe wie Geopolitik und nationale Interessen abgelöst, die auch von vielen Demokraten übernommen wurden. Diese wollten zwar weiterhin eine offene Gesellschaft und eine Marktwirtschaft aufbauen, waren jedoch nicht mehr bereit, bereitwillig Wünschen des Westens nachzukommen. Hierauf schien der großen Mehrheit der Bevölkerung die sowjetisch/russische Politik der vorhergehenden Jahre jedoch hinausgelaufen zu sein. Im Gegensatz zu den Nationalisten und Kommunisten hielten die Demokraten und Vertreter der Mitte jedoch eine Konfrontation mit dem Westen den Interessen ihres Landes für abträglich (Tsygankov 2004: 75; Petro 1997: 99).

Kosyrew blieb Ende 1992 entgegen verbreiteter Spekulationen im Amt, nahm aber weitgehend Abschied von seiner bisherigen Politik, und Präsident Jelzin wies das Außenministerium an, die Beziehungen Richtung Osten mit der gleichen Energie zu fördern wie die zum Westen. Die Veränderung hing auch mit weltpolitischen Entwicklungen zusammen: Zum einen erschütterte das Blutvergießen in Jugoslawien Erwartungen, dass eine Integration in den euro-atlantischen Raum Russlands Stabilität garantieren würde. Zum anderen führte die anhaltende und zunehmende Instabilität in einigen GUS-Ländern (z.B. in Georgien und Tadschikistan), in denen der Westen eine passive Rolle spielte, dazu, dass sich Russland stärker auf die eigenen Interessen und Fähigkeiten besann (Lo 2002: 58; Petro 1997: 100).

In der politischen Führung wurde jedoch nicht in Frage gestellt, dass eine Partnerschaft mit dem Westen angestrebt werden solle und die Politik auf absehbare Zeit auf ihn bezogen bleiben müsse (Lo 2002: 63). Russland benötigte dessen Gelder (von denen Vertreter der Eliten auch ganz persönlich profitierten), um das wankende Gefüge des Landes stabilisieren zu können. Die Bedürftigkeit blieb sehr hoch, und stieg wegen der sich verschärfenden sozialen und ökonomischen Probleme weiter an. Der Westen, durch die Möglichkeit einer Machtübernahme durch die Kommunisten bzw. eines Zusammenbruch des Landes beunruhigt, kam dem Kreml entgegen. Allen voran Deutschland, von dem Russland insgesamt über 71 Mrd. US-Dollar an Krediten bzw. Zuschüssen erhielt, die unter anderem für die Errichtung von Unterkünften für die 400.000 aus Deutschland abziehenden Soldaten und ihre Angehörigen bestimmt waren. Bis Ende 1992 waren über 60% der Truppen abgezogen, am 31.8.1994 war der Abzug beendet (Petro 1997: 168f.).

Die Beziehungen zu Ländern der sogenannten „Dritten Welt", besaßen für Russland bis in die ersten Jahre des neuen Jahrhunderts nur einen geringen Stellenwert. Diese Staaten konnten keine ernstzunehmenden Modernisierungs- oder Handelspartner sein, und Russland war aufgrund mangelnder Kapazitäten nicht in der Lage weltweite Präsenz zu zeigen. Eine Alimentierung von Verbündeten kam sowohl wegen des Wegfalls der Blockkonfrontation als auch wegen der Schwäche Russlands nicht mehr in Frage. In den 80er Jahren hatten etwa Vietnam und Kuba jährlich ca. zwei bzw. vier Mrd. US-Dollar erhalten. Die Unterstützung wurde bereits in den letzten Jahren der UdSSR reduziert und 1991 vollständig eingestellt. Infolgedessen sank der Anteil der Sowjetunion bzw. Russlands am Außenhandel Vietnams von 60% im Jahre 1990 auf 2% 1996. Der Waffenexport in die Länder der „Dritten Welt" brach nahezu vollständig zusammen (Donaldson 2009: 330, 273). Sie hatten sich gegenüber der UdSSR jedoch mit insgesamt über 112 Mrd. US-Dollar verschuldet, und Russland drängte als Rechtsnachfolger der Sowjetunion auf die Bedienung der Verbindlichkeiten, erhielt jedoch insgesamt nur etwa ein Sechstel der Summe, teilweise in Form von Aufträgen für die Rüstungsindustrie (Petro 1997: 208f., 229; Donaldson 2009: 272, 119).

## 3.2 1993-95: Neuausrichtung der Außenpolitik?

Ende 1992 lagen zwingende Gründe für eine Neujustierung der Politik vor. Der Westen sah sich zu einer Politik der Integration Russlands in den nordatlantischen Raum aus nachvollziehbaren Gründen nicht in der Lage, und in Russland war man zu dem Konsens gelangt, dass der Kreml in den vorhergehenden Jahren dem

Westen gegenüber zu nachgiebig gewesen sei. Es wäre jedoch verfehlt, von einem Kurswechsel zu sprechen. Die sehr eindeutige pro-westliche Politik Russlands 1991/92 war keine strategische außenpolitische Entscheidung, sondern der Unsicherheit geschuldet gewesen, wo sich das Land außenpolitisch verorten sollte. Die Umwälzungen der vorhergehenden Jahre waren so revolutionär, dass die Eliten verständlicherweise noch nicht in der Lage gewesen waren, die Interessen des jungen eigenständigen Russland zu definieren oder gar zu einem außenpolitischen Konsens zu finden. Das Land befand sich auf der Suche nach seinem Standort. Zudem hatte die große Mehrheit der Bevölkerung nach dem Zusammenbruch der UdSSR zunächst an den Westen als Vorbild glauben wollen. Sie war jedoch zur Ansicht gekommen, dass westliche Rezepte weder für die Innen-, noch für die Außenpolitik tauglich waren, ohne nicht wenigstens modifiziert zu werden.

Sowohl die offiziellen Dokumente als auch die Äußerungen der Politiker legen den Schluss nahe, nach dem Ende der „romantischen Phase" wäre der GUS-Raum zur Priorität Russlands geworden. Im außenpolitischen Konzept von 1993 wurde die in den vorhergehenden Jahren dominante Ausrichtung auf den Westen vollständig aufgegeben und statt dessen Russlands Rolle im GUS-Raum betont. Als zentrales Ziel wurde eine größtmögliche Integration im postsowjetischen Raum postuliert und festgestellt, nur Russland könne der Region Frieden bringen. In der Sicherheitsdoktrin wurde Ende 1993 die Errichtung von 30 Militärstützpunkten in GUS-Ländern angekündigt, um eine Stabilitätszone zu schaffen und die nationalen Interessen zu schützen. Selbst Kosyrew erklärte schließlich, „in einigen Fällen" könne es erforderlich sein, Streitkräfte einzusetzen, „um unsere Bürger und Landsleute" zu schützen (Donaldson 2009: 114f.; Petro 1997: 100, 125, 156). Dies konnten mehrere Nachbarn als Drohung auffassen.

Einige westliche Beobachter mutmaßten, Russland wolle einen Ring von Satellitenstaaten schaffen und stelle eine Gefahr für die Unabhängigkeit der Ukraine dar. Westliche Regierungen zeigten sich jedoch nicht beunruhigt. Die 30 erwähnten Stützpunkte wurden nicht errichtet, was nicht weiter verwundert. Die russische Führung bediente sich offensichtlich lediglich einer imperialen

Rhetorik, um der starken nationalistischen Opposition den Wind aus den Segeln zu nehmen. Zudem wollte sie dem Westen vermitteln, dass Russland (vermeintlich) auch eine andere außenpolitische Option besitze, um ihn zu mehr Entgegenkommen zu veranlassen (Lo 2002: 47).

Russland blieb, wie bereits in den zwei Jahren zuvor, trotz anderslautender Ankündigungen dasjenige Land, das am stärksten zur Desintegration der Region beitrug. Mitte 1993 wurden neue Banknoten eingeführt, die nur russische Staatsbürger und Unternehmen umtauschen durften. Damit löste der Kreml den Währungsverbund von zehn Ländern einseitig auf. Er verhinderte auch die Schaffung einer von allen anderen GUS-Partnern befürworteten Freihandelszone. Ein neoimperial gesinntes Russland hätte zweifelsohne anders gehandelt.

Ende 1993 erklärten Russland, die Ukraine und Weißrussland zwar, sich zu einem „einzigen Wirtschaftsraum" vereinigen zu wollen. Dieses Vorhaben wurde jedoch nicht umgesetzt, ähnlich wie andere, die bereits verkündet worden waren oder noch folgen sollten (Donaldson 2009: 177f., 208). Ihr Hauptzweck bestand darin, dem verbreiteten Verlangen nach einer Reintegration zumindest verbal entgegenzukommen und von der ernüchternden sozialen Realität abzulenken. Selbst ausgewiesene Demokraten, wie Grigori Jawlinski, der Vorsitzende der sozial-liberalen Jabloko-Partei, forderten, dass Russland ein Zusammenwirken der postsowjetischen Republiken auf einer neuen Grundlage anstreben solle (Wilhelmi 2002: 95). Alle anderen Staaten der Region, mit der Ausnahme Georgiens und der Ukraine, waren jedoch integrationswilliger als Russland.

Andererseits griffen russische Truppen 1992/93 mehrfach in gewaltsame Konflikte in postsowjetischen Staaten ein, beispielsweise in Georgien und der Republik Moldau, wo es eine starke Bewegung für eine Vereinigung mit Rumänien gab. Im russisch-ukrainisch geprägten Nordosten Moldaus, in Transnistrien, formierte sich Widerstand, der zu blutigen Kämpfen führte, als Truppen der Zentralgewalt versuchten, die Abspaltung des Gebiets zu verhindern. Mitte 1992 schlug sich der Oberkommandierende der russischen Streitkräfte in Transnistrien Alexander Lebed offen auf die Seite der Separatisten. Die politische Führung Russlands widersprach dem General nicht, sondern mahnte ihn lediglich vergeblich zur Zurückhaltung. Die russische Intervention beendete zwar den Bürgerkrieg, andererseits gibt es einen nach wie vor nicht gelösten „eingefrorenen Konflikt".

Außenminister Kosyrew, dessen Ressort in der Transnistrienfrage keine Rolle spielte, erklärte Mitte 1992, dass Generäle auch innerhalb Russlands politisch nicht legitimierte Entscheidungen fällen würden, und warnte vor einem Umsturz. Indizien sprechen jedoch eher dafür, dass v.a. die nachlassende Disziplin und eine mangelhafte Kontrolle bzw. Versorgung vereinzelt Truppenführer dazu veranlassten, Einheiten aus materiellen Motiven auf die Seite einer Konfliktpartei zu schlagen. Den Transnistrien-Konflikt versuchten russische Nationalisten jedoch für eine Schwächung Jelzins zu nutzen. Es ist jedoch wahrscheinlich, dass Lebed in Absprache mit ihm handelte. Der Präsident hielt sich bedeckt, um die Beziehungen zum Westen nicht zu belasten.

Es ist gleichwohl nicht ausgeschlossen, dass das Eingreifen russischer Truppen bei einigen Konflikten im postsowjetischen Raum zwischen 1992 und 1995 eine bewusste Strategie der militärischen Führung war, um durch militärische Fakten einen außenpolitischen Kurswechsel herbei zu führen. Wahrscheinlicher ist es, dass die Generalität mit verdeckter Unterstützung Jelzins handelte, damit er sich als Friedensstifter profilieren konnte (Lo 2002: 32; Wilhelmi 2002: 122ff., 218). Die Popularität des Präsidenten bewegte sich seit Mitte 1992 meist auf einem derart niedrigen Niveau, dass er sich auch in der Außenpolitik zu zahlreichen taktischen Zugeständnissen und Richtungswechseln genötigt sah, um seine prekäre Lage nicht weiter zu gefährden (Wilhelmi 2002: 194, 197; Lo 2002: 36).

Der Generalstab besaß keine entscheidende außenpolitische Machtstellung, es gab vielmehr bereits ein informelles Abkommen mit dem Präsidenten: Die Führung der Streitkräfte spielte keine signifikante Rolle im politischen Entscheidungsprozess, dafür erhielt sie den Freiraum, die Streitkräfte nach Gutdünken zu führen. Ursprüngliche Pläne, ein Verteidigungsministerium mit einer zivilen Spitze zu schaffen, wurden nicht umgesetzt.

Innenpolitische Motive spielten eine führende Rolle für die vereinzelten Indizien imperialen Auftretens, außenpolitische traten hinzu. Der Kreml nötigte Georgien nicht zuletzt aus strategischen Motiven, der GUS beizutreten. Das Kaukasusland galt als unerlässliche Landbrücke nach Armenien, das Russland als Schutzmacht betrachtete. Da die russisch-aserbaidschanischen Beziehungen angespannt waren, drohte aus russischer Sicht der gesamte Südkaukasusraum verloren zu gehen, falls sich Georgien abwenden sollte. Dies wiederum hätte Aserbaidschan zu einem Waffengang gegen das verfeindete Armenien ermutigen können.

Es gab durchaus Anzeichen dafür, dass der Kreml die GUS-Länder nachdrücklich auf die Grenzen ihrer Souveränität aufmerksam machen wollte und „eingefrorene Konflikte" nutzte, um Staaten unter Druck zu setzen. Andererseits war nur Russland in der Lage, ein Mindestmaß an Stabilität in der Region zu garantieren. Der Westen blieb passiv, nicht zuletzt aufgrund der gewaltsamen Konflikte auf dem Balkan. Die Führungen einiger postsowjetischer Staaten waren zudem von einem ausgeprägten Nationalismus beseelt. Es ist folglich unwahrscheinlich, dass die gewaltsamen Konflikte unterblieben wären oder einen glücklicheren Verlauf genommen hätten, wenn Russland den Dingen ihren Lauf gelassen hätte. Westliche Regierungen schienen diese Einschätzung zu teilen.

Es spricht vieles dafür, dass sich die russische Führung aus innen- und sicherheitspolitischen Motiven eher dazu genötigt sah einzugreifen, als dass man von einer gewählten Strategie sprechen könnte. Russland agierte nicht, sondern reagierte, und häufig nicht einmal das: Präsident Jelzin sprach mehrfach mit deutlichen Worten davon, dass entschiedene Maßnahmen ergriffen würden, um die Situation der russischen Minderheiten im postsowjetischen Raum zu verbessern. In der Praxis wurden jedoch keine Schritte eingeleitet, obgleich Millionen Russen auch wegen einer subjektiv empfundenen Diskriminierung aus den Nachbarländern in ihr Mutterland zurückkehrten. Der Kreml reagierte allerdings, wenn im Falle von Instabilität erhebliche Rückwirkungen auf Russland selbst drohten. So sah er sich ab Mitte der 90er Jahre wegen eines wachsenden oder drohenden Islamismus veranlasst, größere Verantwortung für die Sicherheit in Zentralasien zu übernehmen und sicherte die Grenzen einiger GUS-Staaten, was er 1992 noch abgelehnt hatte. Russland übernahm zudem, wenn auch zögernd, eine Mittlerfunktion in Tadschikistan, einem Nachbarn Afghanistans, und russische Truppen spielten eine ausschlaggebende Rolle für die Beendigung des Bürgerkrieg, der etwa 150.000 Menschenleben gekostet hatte. Es handelt sich hierbei um einen der weltweit wenigen erfolgreichen Fälle einer bewaffneten Frieden schaffenden Mission.

Eine weitere Tatsachen sprach aus Sicht des Kreml (und westlicher Regierungen) gegen eine expansive Außenpolitik: Die Abhängigkeit von westlichen Zahlungen blieb sehr stark und nahm aufgrund der sich verschärfenden wirtschaftlichen und sozialen Probleme, die die innenpolitische Basis Jelzins schwächten, tendenziell noch zu.

Das BIP entwickelte sich wie folgt (Bank of Finland 2011 (1)):

| 1991 | 1992 | 1993 | 1994 |
| --- | --- | --- | --- |
| -5% | -14,5% | -8,7% | -12,7% |

Der Westen kam dem Kreml durchaus entgegen, indem er Russland 1992 den Beitritt zum IWF und zur Weltbank ermöglichte. Die EU gewährte Russland und den anderen postsowjetischen Staaten Handelspräferenzen wie Entwicklungsländern. Russland und die EU beschlossen außerdem Ende 1993, in den folgenden fünf Jahren Verhandlungen über die Schaffung einer Freihandelszone aufzunehmen (Petro 1997: 185f.). Die unstete russische Außenpolitik, die labilen Zustände im Innern, die Konflikte in Jugoslawien sowie die Bemühungen, Ostmitteleuropa zu stabilisieren, verhinderten jedoch Fortschritte. Aber es mangelte auch an politischer Entschlossenheit, denn ebenso wie Moskau war auch Brüssel auf der Suche nach tragfähigen Zukunftskonzepten und insbesondere mit sich selbst beschäftigt.

Die Abhängigkeit von westlicher Unterstützung wirkte sich hin und wieder auch sichtbar außenpolitisch aus: Nachdem der Westen Jelzin im Herbst 1993 in seiner Auseinandersetzung mit dem Parlament unterstützt hatte, die das Land bis an den Rand des Bürgerkriegs führte, legte Russland in der Folgezeit kein Veto gegen Resolutionen des UN-Sicherheitsrats mehr ein, die gegen Serbien gerichtet waren, und wurde 1994 Mitglied der „Kontaktgruppe" in Bezug auf das frühere Jugoslawien. Präsident Jelzin sah sich jedoch nach einiger Zeit wegen des Drucks russischer Nationalisten genötigt, zur Unterstützung Serbiens zurückzukehren (Petro 1997: 282). Es war aber nicht nur innenpolitischer Druck, der die Kooperation zwischen Russland und dem Westen beeinträchtigte: die Eliten zeigten zunehmende Tendenzen, den anhaltenden Niedergang ihres Landes auf äußere, d.h. westliche, Einflüsse zurückzuführen. So sagte der Präsident 1994 in seiner Botschaft an die Führung des Auslandsgeheimdienstes, dass ungenannte Kräfte jenseits der Grenzen „Russland in einem Zustand von handhabbarer Paralyse halten wollen" (Lo 2002: 56). Jelzin instrumentalisierte, ja schürte Vorbehalte gegen den Westen, um seine innenpolitische Lage zu festigen.

Diese Tendenz hatte allerdings keinen substanziell negativen Einfluss auf die Umsetzung von internationalen Rüstungskontrollvereinbarungen. Russland, aber auch die USA hatten ein starkes Interesse, die sehr kostenträchtigen strategischen Potenziale erheblich zu reduzieren: 1991, einige Monate vor dem Ende der UdSSR, hatten sich Moskau und Washington auf START I geeinigt, den umfassendsten Abrüstungsvertrag in der Geschichte. Die Anzahl der strategischen Sprengköpfe wurde auf je 6000 begrenzt, die der Trägersysteme auf 1600. Da sich erhebliche Bestände auf dem Territorium Kasachstans, der Ukraine und Weißrusslands befanden, musste der Vertrag nach dem Auseinanderfallen der Sowjetunion modifiziert werden. Russland forderte als Rechtsnachfolger der Sowjetunion, vom Westen unterstützt, die Transferierung nach Russland. Die Ukraine setzte dem Widerstand entgegen, der erst 1994 überwunden worden konnte. START I trat noch im selben Jahr in Kraft. Die strategischen Basen sowohl Russlands als auch der USA wurden danach durch Experten der jeweils anderen Seite inspiziert und es wurden detaillierte Daten über die Interkontinentalraketen ausgetauscht.

1993 unterzeichneten US-Präsident Bill Clinton und Boris Jelzin in Moskau den START-II-Vertrag, der eine weitere erhebliche Verringerung des strategischen Arsenals vorsah. Zudem wurden landgestützte Interkontinentalraketen mit Mehrfachsprengköpfen verboten, die auf der russischen Seite überwogen, während ihr seegestütztes Pendant, von dem die USA eine deutlich höhere Zahl besaß weiter erlaubt blieb (Petro 1997: 154f.; Donaldson 2009: 220f.). Jelzin zögerte den Vertrag der Duma zur Ratifizierung vorzulegen. Er unternahm diesen Schritt 1995, konnte und wollte aber nicht genügend Druck ausüben, um die Parlamentarier zur Ratifizierung zu bewegen.

Russland zeigte sich gegenüber dem Westen verbal und teils auch in der Substanz seit Ende 1992 distanziert, während die Beziehungen zu China an Intensität gewannen. Ende der 1960er Jahre hatten beide Staaten blutige Grenzkonflikte ausgetragen und Peking hatte wiederholt erklärt, möglicherweise Territorien zurückzufordern, die sich das Zarenreich im 19. Jahrhundert unter seines Erachtens fragwürdigen Umständen angeeignet hatte. Seit dem Ende der 1980er Jahre entspannten sich die Beziehungen. Im August 1991 unterstützte China jedoch die Putschisten gegen Gorbatschow bzw. Jelzin (Lo 2008: 28), und 1991/92 gab es aufgrund großzügiger Finanzströme eine starke Pro-Taiwan-Lobby in Moskau.

Nachdem Präsident Jelzin Ende 1992 erstmals die Volksrepublik besuchte, bekannte sich Russland aber zu einer Ein-China-Politik. Beide Länder einigten sich 1991 und 1994 auf Grenzabkommen, die lediglich einige kleinere Fragen offen ließen, und fuhren fort, Truppen von der Grenze abzuziehen. Russland wirkte auch darauf hin, dass Staaten Zentralasiens in ihren Grenzverhandlungen gegenüber China Entgegenkommen zeigten.

Die nationalen Interessen geboten Moskau und Peking, entspannte Beziehungen zum jeweils größten Nachbarn zu pflegen. Dies wurde dadurch erleichtert, dass Russland erstmals seit zwei Jahrhunderten nicht mehr stärker war als der südöstliche Nachbar. China war darüber hinaus nach der blutigen Niederschlagung der Demokratiebewegung in Peking 1989 außenpolitisch recht isoliert. Russland wurde zum wichtigsten Waffenlieferanten, und ohne die Exporte nach China, die allein 1992 1,8 Mrd. US-Dollar einbrachten, hätte die Rüstungsindustrie in den 90er Jahren kaum überleben können.

Die nicht nur deklaratorische, sondern tatsächliche Intensivierung der Beziehungen mit China kontrastierte mit der Entwicklung im GUS-Raum. Was bewog die russische Führung, wesentlich zum Auseinanderfallen des GUS-Raumes beizutragen? Die Aufmerksamkeit sowohl der Eliten als auch der Bevölkerung war auf innen-, sozial- und wirtschaftspolitische Fragen gerichtet. Für die ersten ging es um die Stabilisierung des Landes bzw. das Abstecken von „Claims" bei der Privatisierung der Staatswirtschaft, für die zweiten um das Überleben. Zudem war Russland in den 90er Jahren zu einer aktiven Außenpolitik kaum in der Lage, es reagierte lediglich. Das Land war schwach und auf der Suche nach dem eigenen Standort. Die Führung hätte sich womöglich kooperationswilliger gezeigt, wenn sie nicht durch schwerwiegende Fehleinschätzungen geleitet worden wäre: Russische Beobachter waren mehrheitlich der Ansicht, dass sich die GUS-Nachbarn nicht aus eigener Kraft stabilisieren könnten, Moskau für sie auf Dauer ein unentbehrlicher Orientierungspunkt bleiben werde und sie folglich selbst bei einer wenig entgegenkommenden Politik im Gravitationsfeld des Kreml verbleiben würden.

Zudem herrschte die Auffassung vor, für die nunmehr unabhängigen Länder jahrhundertelang beträchtliche materielle und zivilisatorische Leistungen erbracht zu haben, für die Dankbarkeit erwartet werden könne. Die Beziehungen zwischen dem russischen Zentrum der UdSSR und der Peripherie seien auch in anderer Hinsicht keineswegs mit kolonialen Mustern vergleichbar gewesen, so die russische Argumentation. Angehörige anderer Nationalitäten seien in der Führungsschicht der Sowjetunion stark vertreten gewesen, etwa mit den Georgiern Stalin und Berija oder den Ukrainern Chruschtschow und Breschnew, und erst die russisch geführte Sowjetunion habe vielen Völkern die Entwicklung einer Nationalkultur ermöglicht. Viele Menschen in den übrigen Ländern der GUS, insbesondere Vertreter der Eliten, sahen die Rolle der alten Vormacht in der Geschichte ihrer Völker dagegen bei weitem kritischer. Dies war aus russischer Sicht eine ebenso unerwartete wie unangenehme Entwicklung.

Mitte der 90er Jahre hatte sich die Mehrzahl der GUS-Länder zudem stabilisiert und deren Führungsschichten hatten Geschmack daran gefunden, über den Entwicklungsweg – und die Ressourcen – ihrer Länder eigenständig zu entscheiden. Ihr Interesse an integrativen Maßnahmen im GUS-Raum ließ merklich nach, sodass sich die Verhältnisse umzukehren begannen. Seit diesem Zeitpunkt war es eher der Kreml, der hierauf drängte. Auf dem GUS-Gipfel 1994 beschlossen die Ministerpräsidenten (mit Ausnahme derer von Armenien und Aserbaidschan) eine langfristige militärische Integration der Streitkräfte ihrer Länder sowie die Schaffung einer Schnellen Eingreiftruppe (Petro 1997: 128). Im Februar 1995 vereinbarten die Mitglieder des „Vertrages über kollektive Sicherheit", der 1992 von Russland und einigen weiteren Ländern der Region ratifiziert worden war, bis zum Jahre 2000 gemeinsame Streitkräfte aufzustellen (Wilhelmi 2002: 89f.). Die Vereinbarungen wurden nicht umgesetzt und es war nicht mehr Russland, das die Hauptverantwortung hierfür trug. Aber der Kreml investierte auch nicht hinreichend politisches und materielles Kapital, um die Projekte voranzutreiben. Sie galten letztlich nicht als vorrangig.

### 3.3 1996-99: Auf dem Weg in die Sackgasse

Außenpolitische Fragen waren für die Bevölkerung in den sozial sehr schwierigen 90er Jahren nicht von ausschlaggebender Bedeutung. Die politische Führung war sich dessen jedoch nicht sicher, insbesondere im Vorfeld von Urnengängen (Lo 2002: 28). Als sich im Januar 1996 die Präsidentschaftswahlen näherten und sich die Zustimmung für Jelzin bei Umfragen im einstelligen Prozentbereich bewegte, wurde der unpopuläre Außenminister Kosyrew durch Jewgeni Primakow abgelöst. Die meisten Beobachter konzentrierten sich auf die weltanschaulichen Unterschiede zwischen dem ehemaligen und dem neu berufenen Minister, der gegenüber dem Westen erkennbar skeptischer war. Letztlich überwogen jedoch die Gemeinsamkeiten zwischen Kosyrew und Primakow: Beide wollten Russland als Großmacht sehen, betonten die Bedeutung des GUS-Raums für ihr Land, glaubten an dessen globale Mission und wandten sich dagegen, dass allein der Westen die weltweite Agenda bestimmt. Primakow sprach in diesem Zusammenhang wiederholt von „Multipolarität". Aber auch er war der Ansicht, dass Russland eine Partnerschaft anstreben solle und die Politik auf absehbare Zeit auf den Westen bezogen bleiben müsse, ebenso wie Kosyrew zu der Überzeugung gekommen war, dass dieser Russland ausnutze (Lo 2002: 63).

Wenige Jahre zuvor hatte Außenminister Kosyrew noch den ehemaligen US-Präsidenten Richard Nixon um Rat gebeten, wie die nationalen Interessen Russlands definiert werden könnten (Mankoff 2009: 29). Die russischen Eliten sahen sich hierzu nunmehr selbst in der Lage. Sie hatten zu dem oben skizzierten außenpolitischen Konsens gefunden, den lediglich Kommunisten und Teile der Demokraten nicht mittrugen. Es war offensichtlich, dass Russland aus westlicher Sicht zu einem schwierigeren Partner geworden war.

Der Westen setzte trotz alledem auf den amtierenden Präsidenten, denn im Falle seiner Ablösung hätten erhebliche politische Turbulenzen gedroht. Bundeskanzler Helmut Kohl beispielsweise stellte sich zu Beginn des Wahlkampfes offen und nachdrücklich auf die Seite Jelzins. Westliche Einrichtungen und Staaten leisteten umfangreiche Unterstützung, die es dem bedrängten Präsidenten ermöglichte, ausstehende Löhne zu zahlen und kostspielige Wahlversprechen abzugeben (Lo 2002: 45). Dies trug dazu bei, dass Jelzin schließlich den Kommunisten Gennadi Sjuganow, der lange Zeit deutlich populärer als Jelzin war, auf den zweiten Platz verweisen konnte – abgesehen davon, dass es berechtigte Zweifel an der Authentizität des offiziellen Wahlergebnisses gab.

Russland präsentierte sich auch nach den Wahlen mitunter demonstrativ nicht als Partner, sondern als Herausforderer des Westens. Dies war durchaus populär und widersprach mittlerweile keineswegs dem, was die Eliten für die Interessen ihres Landes hielten. Außenminister Primakow betonte 1996, die Bindung Europas an die USA habe seit dem Ende der Blockkonfrontation deutlich nachgelassen. Ein Auseinanderfallen der NATO sei eine mögliche, wenn nicht gar wahrscheinliche Konsequenz, was eine Chance für Russland darstelle (Fedorov 2005: 13). Diese und ähnliche Worte ließen Erinnerungen an die Sowjetdiplomatie aufleben. Moskau unterstrich zudem demonstrativ seinen Anspruch, die Geschicke Europas und der Welt an führender Stelle mit zu bestimmen. So sagte Primakow bei seiner ersten Pressekonferenz als Minister im Januar 1996: „Russland war und bleibt eine Großmacht und die Politik gegenüber der Außenwelt sollte diesem Status entsprechen."

Russland beugte sich nicht dem Druck der Vereinigten Staaten, die einen Verkauf von zwei Kernkraftwerken an den Iran verhindern wollten. Russland und China verstärkten ihre Kooperation, und 1997 unterzeichneten die Staatsoberhäupter beider Länder eine „Erklärung für eine multipolare Welt und eine neue Weltordnung". Zudem setzte der Kreml der anstehenden Erweiterung der NATO um mittelosteuropäische Staaten lautstarken Widerstand entgegen. Der Moskauer Führung war bewusst, dass sie die USA, Deutschland und andere Staaten damit nicht von ihrem Vorhaben abbringen würde. Sie wollte innerhalb Russlands den Eindruck entschiedener Opposition erwecken und den Westen zu Konzessionen bewegen (Lo 2002: 29). Im Mai 1997 gab Russland seine Opposition auf. Der Westen erklärte sich im Gegenzug bereit, den NATO-Russland-Rat zu gründen, das Land in den elitären Kreis der G7 aufzunehmen und einen Beitritt zur Welthandelsorganisation WTO, über den bereits seit 1994 verhandelt wurde, in Aussicht zu stellen (Black 2004: 3f.).

Russland hoffte aber selbst nach der Einigung weiterhin auf eine Schwächung der NATO. Die Stabilität und der Frieden sollten stattdessen durch ein ganz Europa umfassendes Sicherheitssystem gewährleistet werden, möglichst unter Ausschluss der USA. Ende 1997 sprach Präsident Jelzin bei Staatsbesuchen in mehreren europäischen Hauptstädten offen von der Notwendigkeit, den US-Einfluss in „unserem Europa" zu vermindern (Donaldson 2009: 244). Russland wollte die NATO nicht zur Garantiemacht für den Frieden in Europa werden lassen. Der Kreml trat die gesamten 90er Jahre für eine gesamteuropäische Sicherheitsarchitektur ohne Blöcke sowie eine Freihandelszone ein und plädierte für eine Stärkung der OSZE. Russland sah sich als europäisches Land, wollte als solches akzeptiert werden und eine Rolle im Konzert der großen Mächte spielen. All dies verlangte eine Verständigung mit der euroatlantischen Welt, deren Notwendigkeit nicht grundsätzlich in Frage gestellt wurde. Der Führung war auch bewusst, dass die

Herausforderungen in der Innen-, Sozial- und Wirtschaftspolitik und nicht etwa in äußerer Machtentfaltung lagen: In der von Jewgeni Primakow geprägten Sicherheitsstrategie von 1997 wurden die möglichen Sicherheitsgefährdungen Russlands ganz überwiegend im Innern verortet. Die Streitkräfte wurden nur erwähnt, wenn es um Ausgabenbeschränkungen ging (Lomagin 2007: 35; Sakwa 2004: 213).

Quelle: http://upload.wikimedia.org/wikipedia/commons/6/64/Europe_capitals_map_de.png

Die GUS-Länder entwickelten sich weiter auseinander, trotz aller gegenteiligen Vereinbarungen, die weiterhin abgeschlossen und weitgehend nicht umgesetzt wurden. Die Beziehungen mit Georgien blieben angespannt, diejenigen mit Aserbaidschan kühl. Verschiedene Länder, z.B. die Ukraine, schlossen sich dem „Partnership for Peace"-Programm der NATO an, was u.a. zu gemeinsamen Militärübungen führte. Einen Konflikt mit erheblichem Eskalationspotenzial konnten Moskau und Kiew aber entschärfen: Die überwiegend russisch besiedelte Krim war erst 1954 von Russland an die Ukraine übereignet worden, was zu Zeiten der Sowjetunion kaum mehr als Symbolwert besaß, sich 1991 jedoch als entscheidend herausstellte. 1997 einigten sich Kiew und Moskau nach langem Streit über die Nutzung der Krimstadt Sewastopol, des Heimathafens der russischen Schwarzmeerflotte. Seit dieser Zeit ließ Moskau von seiner taktisch bedingten und halbherzigen Unterstützung für Kräfte auf der Krim ab, die eine Vereinigung mit Russland forderten, was innerhalb Russlands auf großen Widerstand stieß (Sakwa 2004: 167; Petro 1997: 123).

Die russische Führung verfolgte zu keiner Zeit eine Politik der Grenzrevision, nicht zuletzt, da Sorgen um die Integrität des eigenen Territoriums bestanden. Russland wünschte sowohl im Innern als auch nach außen Stabilität. Die zahlreichen Äußerungen, die auf gegenteilige Intentionen schließen lassen, waren taktischer Natur. Es ging dem Kreml insbesondere darum, unzufriedenen Patrioten zu zeigen, dass die nationalen Interessen bei der gegenwärtigen Führung des Landes gut aufgehoben seien. Zum anderen wollte man Zeichen der Entschlossenheit setzen, um die Außenwelt zu Konzessionen zu veranlassen.

In den letzten Jahren des Jahrhunderts intensivierte Russland sein Engagement in Zentralasien weiter, vor allem aufgrund der zunehmenden Sicherheitsgefahren, die vom bewaffneten Islamismus ausgingen, aber auch, um dem stärkeren Engagement Chinas und des Westens zu begegnen. Von einer Konkurrenz um Einfluss in der Region konnte zu dieser Zeit aber kaum die Rede sein. Russland war mit seinen inneren Problemen befasst, der Westen mit den Konflikten auf dem Balkan und China war noch nicht stark genug, um als ernsthafter Konkurrent gelten zu können.

1998 mehrten sich die Anzeichen, dass die USA den ABM-Vertrag kündigen könnten, der umfassende strategische Raketenabwehrsysteme verbot, und dass die baltischen Staaten in absehbarer Zukunft der NATO beitreten könnten. In Russland wurde im

Gegenzug diskutiert, sich aus dem INF-Vertrag, der Mittelstrecken verbietet, zurückzuziehen, die Streitkräfte im Westen des Landes zu verstärken und eventuell taktische Nuklearwaffen im Gebiet Kaliningrad zu stationieren (Fedorov 2005: 11). Als ab Ende 1998 die Spannungen im Kosovo zunahmen, drohte der russische Verteidigungsminister, ein Eingreifen der NATO wäre das Signal für den Beginn eines neuen Kalten Krieges (Donaldson 2009: 265). Diese Worte wirkten geradezu grotesk: Wenige Monate zuvor, im August 1998, war die russische Währung zusammengebrochen und das Land hatte seine Zahlungsunfähigkeit erklären müssen.

Nachdem die NATO im März 1999 unter der Umgehung des UN-Sicherheitsrats mit der Bombardierung Jugoslawiens begonnen hatte, kehrte Ministerpräsident Tschernomyrdin, der sich im Flugzeug auf dem Weg in die USA befand, mitten über dem Atlantik um. Russland brach den Kontakt zur Allianz ab und verwies sämtliche NATO-Vertreter des Landes. Die Kooperation wurde bis zum Ende der Amtszeit Jelzins auf Eis gelegt.

Russland setzte jedoch seine Beteiligung an der NATO-Mission in Bosnien fort, der es sich 1995 zögernd angeschlossen hatte, nachdem sowohl die Serben als auch die NATO Vorschläge Russlands ignoriert hatten. Der Kreml war zudem ein wichtiger Akteur in den Verhandlungen während der Kosovo-Krise und spielte eine signifikante Rolle bei der Kapitulation des serbischen Präsidenten Slobodan Miloschewitsch (Simes 2007; Goldgeier 2003: 13). Russische Fallschirmjäger besetzten jedoch vor dem Eintreffen von NATO-Einheiten den Hauptstadtflughafen des Kosovo, was als lang erwartetes Zeichen der Entschlossenheit in Russland geradezu begeistert begrüßt wurde. Sie mussten jedoch nach wenigen Tagen NATO-Truppen um Verpflegung nachsuchen, die ihr Land nicht in der Lage war bereitzustellen, sodass der Handstreich unter ernüchternden Umständen sein Ende fand. Die russischen Einheiten arbeiteten in der Folgezeit genauso reibungslos unter NATO-Kommando wie in Bosnien, sie stellten sogar das größte Kontingent aus einem Nicht-NATO-Staat. Russland konnte sich mit seiner Forderung nach einem eigenen Sektor aber nicht durchsetzen, während Deutschland, Frankreich, Großbritannien, Italien und die

USA die Federführung in je einem Teil des Kosovo übernahmen (Donaldson 2009: 266; Trenin 2005: 92).

Russland sympathisierte während der Auseinandersetzungen im ehemaligen Jugoslawien grundsätzlich mit den Serben, rief diese jedoch zur Mäßigung auf und verurteilte wiederholt auch die von Serben verübten Kriegsverbrechen. Der Kreml vertrat im Gegensatz zum Westen die Ansicht, dass keine der Kriegsparteien grundsätzlich als Opfer oder als Täter angesehen werden könne. Russen betrachteten die Serben weithin als „orthodoxes Brudervolk" und Serbien als traditionellen Bündnisgenossen. Aber die Politik des Kreml wurde keineswegs von solchen Gefühlen dominiert, obwohl es nach außen mitunter so scheinen konnte. Die russische Führung schielte auf die öffentliche Meinung und musste ebenso Rücksicht auf die Sympathien der starken muslimischen Minderheit im Lande nehmen. So drohte Mintimer Schaimijew, Präsident der russischen Teilrepublik Tartarstan und einer der einflussreichsten Politiker Russlands, während des Kosovokrieges, dass er die vorwiegend muslimischen Albaner unterstützen werde, falls sich russische Nationalisten auf die Seite Serbiens schlügen.

Aus russischer Sicht setzte mit dem Kosovokrieg eine neue und bedrohliche Epoche der internationalen Politik ein, nicht nur, weil der UN-Sicherheitsrat übergangen worden war: Die jugoslawischen Streitkräfte waren gut ausgebildet und straff geführt, aber trotzdem nicht in der Lage gewesen, der NATO etwas entgegen zu setzen, was die militärische, aber auch die politische Führung Russlands schockierte. Der Krieg wurde häufig als eine Experimentier- und Trainingsphase für neu entwickelte westliche Waffen und Techniken gedeutet, was drängende Fragen hinsichtlich der Verteidigungsfähigkeit Russlands aufwarf (Preiß 2004: 204ff.). Zudem beschloss die NATO im April 1999 ein neues strategisches Konzept, das auch Einsätze außerhalb des Bündnisgebiets vorsah. Die wütende Reaktion Russlands offenbarte dabei nur dessen Hilflosigkeit.

Moskau versuchte, dem Westen zu demonstrieren, dass es ernst genommen werden müsse und Alternativen besitze. Es schloss in den Monaten nach dem Krieg ein Handelsabkommen mit Kuba ab, erklärte seine Absicht, gemeinsam mit China eine diplomatische Front gegen die NATO-Aktivitäten in Jugoslawien und für den Primat des Weltsicherheitsrats zu starten, schloss einen Vertrag über wirtschaftliche Zusammenarbeit mit Indien ab und näherte sich dem Iran an. Der IWF und die EU wiederum setzten Ende 1999 die Zahlung von Krediten wegen des russischen Vorgehens in Tschetschenien aus (Black 2004: 4, 9, 20f.). Im August waren 2000 Kämpfer aus dem seit 1996 faktisch unabhängigen Tschetschenien unter islamistischer Führung in das russische Dagestan eingefallen. Der Kreml reagierte mit der Eroberung Tschetscheniens, bei der auch zehntausende Zivilisten ums Leben kamen.

Die russische Führung operierte in den 90er Jahren mit mehreren außenpolitischen Varianten, die sich überlappten, zeitweise verschwanden und wieder zurückkehrten, um die außenpolitischen Ziele zu realisieren (Trenin 2005: 71):

⇨ Seit 1993 versuchte der Kreml wiederholt den Eindruck zu erwecken, mit einer Reintegration des GUS-Raums eine Alternative zu einer Einordnung in den Westen bzw. Unterordnung zu besitzen, um diesen zu mehr Konzilianz zu bewegen. Daneben spielten innenpolitische Gründe für diesen vermeintlich neuen Kurs eine ausschlaggebende Rolle.

⇨ Zeitweise gab sich Russland der euro-atlantischen Welt gegenüber ausgesprochen nachgiebig, teils aus Schwäche, aber auch, um dessen Bereitschaft zu Entgegenkommen zu verstärken.

⇨ Teils bemühte sich der Kreml das Bild zu zeichnen, ein Gegengewicht zum Westen aufbauen zu können, um ihn zu Rücksichtnahme zu veranlassen. Dies äußerte sich in wiederholten Demonstrationen der Freundschaft mit China sowie Indien, und teils auch mit Kuba oder dem Iran.

⇨ Der Kreml versuchte zeitweilig, die Westeuropäer von den USA zu trennen. Es konnte der Eindruck entstehen, er wolle den Westen schwächen.

⇨ Mitunter übte der Kreml Druck aus, z.B. gegen die Erweiterung der NATO 1999, auch um die Opposition im Innern Russlands zu besänftigen. Es gab zudem wiederholt massive Drohungen.

Sämtliche Ansätze waren letztlich nicht erfolgreich, und die genannten unfreundlichen Akte stellten für den Westen keineswegs eine Herausforderung dar, die ihn hätten bewegen können, russischen Plänen ernsthaft entgegenzukommen. Für ihn handelte es sich vielmehr um ein Ärgernis, das die vorhandenen Zweifel an der Zuverlässigkeit und den Motiven Russlands weiter nährte. Die großen Worte und Pläne sowie die wiederholten, massiven Drohungen standen in einem frappierenden Gegensatz zur zunehmenden Schwäche, beschränkten Handlungsfähigkeit und außenpolitischen Marginalisierung Russlands.

Im Westen machte sich die Haltung breit, dass der Kreml weder als ernsthafter Partner, noch als Konkurrent betrachtet werden könne. Die Befürworter einer Einbindung gerieten in die Defensive. In den Wahlkämpfen sowohl zum Deutschen Bundestag 1998 als auch zur Wahl des neuen US-Präsidenten 1999/2000 grenzten sich die Herausforderer von der ihres Erachtens allzu konzilianten Russlandpolitik der bisherigen Amtsinhaber demonstrativ ab.

Der Aufbau konstruktiver Beziehungen mit China war ein bedeutender Erfolg russischer Außenpolitik. Letztlich muss man aber feststellen, dass Jelzins Außenpolitik scheiterte, er besaß keine realistischen Vorstellungen davon, wohin er das Land führen wollte (Donaldson 2009: 14). Dies betraf jedoch nicht nur den Präsidenten. So waren die Vertreter sämtlicher politischer Lager in den 90er Jahren ganz überwiegend der Ansicht, dass Russland eine Großmacht sei (Sakwa 2004: 207). Die Eliten und die Bevölkerung benötigten eine längere Zeit als die Außenwelt, um die Schwäche ihres Landes zu realisieren, und es bestand ein inneres Bedürfnis, durch große Worte von der zumindest ernüchternden Realität abzulenken. Die labilen Zustände innerhalb Russlands führten in Verbindung mit den gesundheitlichen Schwächen Jelzins zum Triumph selbstsüchtiger Interessen einzelner Akteure oder Interessengruppen im Innern, aber auch nach außen, nicht zuletzt, da beide Sektoren miteinander verwoben waren (Lo 2002: 39). Die Außenpolitik war aus den genannten Gründen weder adäquat noch stringent.

Boris Jelzin hinterließ einen Scherbenhaufen, als er am 31. Dezember 1999 überraschend von seinem Amt zurücktrat und der erst gut vier Monate zuvor berufene Ministerpräsident Wladimir

Putin amtierendes Staatsoberhaupt wurde: Die Beziehungen zum Westen waren zerrüttet, die Länder der GUS entwickelten sich immer weiter auseinander, Russland war bankrott und zudem in einen blutigen Krieg verwickelt. Der Kreml pflegte nichtsdestotrotz eine bombastische Großmachtrhetorik. So verwahrte sich Jelzin Anfang Dezember 1999 bei seinem Besuch in China gegen ein Diktat der USA in der Weltpolitik, stattdessen würden neben den USA auch Russland und China „diktieren, wie die Welt zu leben habe".

Um zu einem ausgewogenen Urteil der außenpolitischen Bilanz Jelzins gelangen zu können, sollten zumindest noch zwei Fakten genannt werden: Die Desintegration der UdSSR vollzog sich in Anbetracht der Größe des Landes und der gewaltigen geschichtlichen Hypotheken, unter denen nicht zuletzt der Stalinismus genannt werden muss, mit bemerkenswert geringem Blutvergießen, zumindest im Vergleich mit dem Ende der Imperien westeuropäischer Kolonialmächte oder etwa Jugoslawiens. Dies ist nicht nur, aber nicht zuletzt Russland zu danken. Zum anderen wurde das Nuklearwaffenarsenal nicht nur erheblich reduziert: Trotz der schwerwiegenden inneren Probleme kam es weder zu einer Proliferation von Waffen, noch von Expertenwissen. Russland setzte auf Stabilität und verfolgte selbst unter sehr schwierigen Bedingungen keine Politik des Revisionismus, selbst wenn dies mitunter aus vielleicht zwingenden innenpolitischen Beweggründen so scheinen konnte.

# 4 Außenpolitik unter Präsident Wladimir Putin (2000-2008)

Mit der Übernahme der Amtsgeschäfte durch Wladimir Putin setzte eine neue Ära der russischen Politik ein. Putin wollte und konnte im Unterschied zu seinem Vorgänger die dem Staatsoberhaupt zukommenden Kompetenzen voll ausschöpfen. Die Stabilisierung der Wirtschaft, die Konzentration der Macht im Kreml und nicht zuletzt seine anhaltend hohe Popularität ermöglichten es Putin, der Politik seinen Stempel aufzudrücken und sich auch gegen erheblichen Widerstand durchzusetzen. Der Einfluss anderer Verfassungsorgane auf die Außenpolitik sank, sie wurde stringenter und es herrschte eine weitgehende institutionelle und personelle Kontinuität (Mangott 2005: 22).

## 4.1 2000 bis 2003: Erneute Westwendung? Die ersten Jahre der Präsidentschaft Putins

Wenige Wochen nach dem Kosovokrieg, im Sommer 1999, befürwortete der soeben von Jelzin ernannte Ministerpräsident Wladimir Putin eine Staatenunion mit Jugoslawien und Weißrussland. Er schlug vor, diese auch für andere orthodoxe Staaten wie Bulgarien oder Griechenland zu öffnen. Diese skurrilen Gedanken waren ebenso Ausdruck der außenpolitischen Unerfahrenheit Putins wie der Ratlosigkeit der russischen Eliten. In seiner Silvesteransprache erklärte Präsident Jelzin überraschend seinen Rücktritt und ernannte Putin zum Interimspräsidenten. Wenige Wochen später, während des Präsidentschaftswahlkampfes, hatte Letzterer zu einer außenpolitischen Linie gefunden, der er in den folgenden Jahren treu blieb: dem Versuch der Annäherung an den Westen.

Putin erklärte Anfang 2000, einen NATO-Beitritt seines Landes nicht ausschließen zu wollen. Der links-liberale Grigori Jawlinski, der ebenfalls für das höchste Staatsamt kandidierte, bezeichnete dies als taktischen Fehler, weil es Plänen der baltischen Staaten und der Ukraine, der NATO beizutreten, einen neuen Impuls verleihen könnte. Als der NATO-Generalsekretär äußerte, eine Mitgliedschaft Russlands stehe nicht auf der Agenda, ruderte Putin zurück (Black 2004: 32f.). Unmittelbar nach seiner Wahl zum Präsidenten im Frühjahr 2000 erklärte er: „Russland ist immer ein europäisches Land gewesen und wird dies auch in Zukunft sein. (...) Die grundlegenden Prinzipien, nach denen sich Europa vereinigt, gelten auch für Russland." Putin bewegte die Duma, START II zu ratifizieren was Jelzin weder vermocht, noch ernsthaft versucht hat. Der neue Präsident sandte also ähnliche Signale an den Westen aus wie sein Vorgänger zu Beginn seiner Amtszeit.

Wenige Wochen später schlug Putin vor, Russland und die NATO sollten ein gemeinsames Raketenabwehrsystem schaffen. Washington reagierte jedoch kühl (Black 2004: 58; Donaldson: 342f.). Russland wollte verhindern, dass die USA Abstand vom ABM-Vertrag nehmen, der Abwehrsysteme gegen Interkontinentalraketen nur in einem sehr engen Rahmen gestattete. Aber der Vorschlag war kaum lediglich als taktische Finte zu deuten. Die Präsidenten Putin und Clinton konnten sich bei einem Treffen im Juni 2000 immerhin darauf einigen, den ABM-Vertrag als zentrales Element der strategischen Stabilität zu bezeichnen, Russland gestand dafür zu, dass von „Schurkenstaaten" eine Gefahr ausgehen könne (Black 2004: 61, 63).

Putin erklärte dennoch kurze Zeit darauf, eine Einladung nach Nordkorea angenommen zu haben. Moskau hatte nach 1991 seine Unterstützung Pjöngjangs aufgegeben und sich Südkorea zugewandt. Der Einflussverlust im Norden der Halbinsel minderte jedoch auch die Attraktivität des Kreml für Südkorea, sodass die Beziehungen zum Norden seit dem Jahre 2000 zur Irritation der USA wieder deutlich intensiviert wurden (Donaldson 2009: 292ff.). Im Juli 2000 veröffentlichten Russland und China eine harsche Stellungnahme gegen Raketenabwehrpläne der Vereinigten Staaten. Anfang 2001 erklärte der russische Präsident jedoch, ein solches Abwehrsystem akzeptieren zu können, wenn dieses auch Europa und Russland schütze (Black 2004: 115). Es war offensichtlich, dass Russland einen Ausgleich mit dem Westen wünschte und hierfür bereit war, China zu brüskieren. Der Westen war überrascht, zu Verhandlungen jedoch nicht bereit.

Die Signale der Annäherung an die euro-atlantische Welt waren unverkennbar, der Kreml betonte allerdings zugleich deutlich, eigene Interessen robust vertreten zu wollen, auch gegen ausdrückliche Wünsche des Westens. Zu dieser Tendenz passte auch die russische Ankündigung von Ende 2000, Waffenlieferungen an den Iran wieder aufzunehmen, deren Auslaufen 1995 in einem Abkommen mit den USA vereinbart worden war (Black 2004: 97).

Unter Präsident Putin begannen die wirtschaftlichen Indikatoren deutlich positive Werte aufzuweisen. Dies kann nicht als Verdienst der Führung gewertet werden, Putins innenpolitische Stellung wurde gleichwohl auch aus diesem Grund so stark, dass er denjenigen, die eine demonstrative Machtpolitik forderten, weniger entgegen kommen musste als sein Vorgänger. Dies wurde auch durch den Tschetschenienkrieg möglich, durch den sich Putin den Ruf eines harten Streiters für nationale Interessen erworben hatte.

Die Veränderung des realen BIP im Vergleich zum Vorjahr
(Bank of Finland 2011 (1): )

| 1997 | 1998 | 1999 | 2000 | 2001 |
|---|---|---|---|---|
| + 1,4% | - 5,3% | + 6,4% | + 10,0% | + 5,1% |

Der Kreml stellte sein Großmachtgehabe und seine imperiale Rhetorik mit dem Jahre 2000 weitgehend ein. Die außenpolitische Debatte begann sich an den realen Möglichkeiten des Landes zu orientieren. Die Beziehungen zum Westen waren nicht normgeleitet, wie angeblich in der „romantischen Phase" 1991/92, sondern vielmehr pragmatische Interessenpolitik. Sie wurden entideologisiert, konfrontative Elemente verloren deutlich an Bedeutung, und der von Jewgeni Primakow zum Leitbild erhobene Begriff der „Multipolarität" wurde von dem der „Globalisierung" abgelöst (Lo 2002: 167f).

Präsident Putin machte gegenüber dem Diplomatenkorps wiederholt unmissverständlich deutlich, dass er selbst, der Präsident – wie von der Verfassung vorgesehen – die Außenpolitik des Landes vorgebe. Sein bestimmender Einfluss wurde z.B. in den offiziellen Äußerungen Außenministers Igor Iwanows (1999 bis 2004) deutlich. Fielen sie unter Jelzin vor allem durch ihren scharfen Ton gegenüber Europa auf, so wurden sie mit dem Amtsantritt Putins zu einer nahezu exakten Kopie der prowestlichen Linie des Präsidenten. Putin wollte für Russland Optionen insbesondere in westliche, aber auch östliche und südliche Richtung eröffnen. Seit dem Jahre 2000 wurden Bemühungen deutlich verstärkt, sich in regionale Strukturen und Prozesse zu integrieren, beispielsweise in die „Asiatisch-pazifische Wirtschaftskooperation" (APEC).

Die Ereignisse um den Kosovo hatten die Schwäche Russlands offenbart und der Abgang Jelzins einen Neuanfang ermöglicht. Unter russischen Experten herrschte nunmehr die Ansicht vor, dass Russland lediglich als „virtuelle Großmacht" zu betrachten sei (Black 2004: 30f.). Der Kreml bemühte sich, die große Lücke zwischen der Großmachtrhetorik der 90er Jahre und den realen Möglichkeiten des Landes zu schließen. Im außenpolitischen Konzept von 1993 war Ostmitteleuropa als Teil einer traditionellen Interessensphäre bezeichnet worden, in den unter Putin verabschiedeten Konzepten war dies nicht mehr der Fall. Die baltischen Länder wurden zudem erstmals in der Europasektion geführt, nicht mehr in derjenigen der postsowjetischen Staaten (Donaldson 2009: 118). In den sicherheits- und außenpolitischen Konzepten aus dem Jahre 2000 wurde im Vergleich zu den Vorgängern größerer Nachdruck auf von außen drohende Gefahren gelegt, den Streitkräften eine größere Bedeutung zuerkannt und die Stationierung von Streitkräften im Ausland angekündigt (Lomagin 2007: 37f.). Der Kosovokrieg und der erneute Kriegsausbruch in Tschetschenien führten, zumindest nach außen hin, zu einem Paradigmenwechsel. In den Konzepten wurde betont, dass internationale Organisationen geschwächt seien und es Versuche der USA und ihrer Verbündeten gebe, eine unipolare Welt außerhalb des internationalen Rechts zu errichten. Es war keine Rede mehr von einer Partnerschaft, sondern lediglich von Kooperation mit dem Westen. Als außenpolitische Ziele wurden jedoch gute Beziehungen mit Europa, den USA und Asien benannt, in eben dieser Reihenfolge (Sakwa 2004: 213f.).

Die Politik gegenüber dem Westen war gleichwohl kaum von Zuneigung bestimmt, was auch umgekehrt galt: Die NATO-Ukraine-Militärübung im September 2000 auf der Krim konnte als Training ukrainischer Soldaten gedeutet werden, um deren Verteidigungsfähigkeit gegenüber vermeintlichen russischen Aspirationen zu steigern (Black 2004: 256). Russland erkannte die realen Machtverhältnisse an und versuchte, daraus das Beste zu machen. Die Signale Putins gegenüber dem Westen trafen gleichwohl zunächst auf den überwiegenden Widerstand der außenpolitischen und militärischen Elite. Der Präsident konnte jedoch auf die Unterstützung der international orientierten Teile der Wirtschaft bauen, die einen Eigenweg oder gar Konfrontation mit dem Westen ablehnten.

Russland war bis Mitte 2001 vor allem auf eine Annäherung an die EU und europäische Länder bedacht, es gab sogar Andeutungen eines EU-Beitritts in fernerer Zukunft. Die Union war aufgrund ihrer Erweiterung aber vor allem mit sich selbst beschäftigt, und zudem wurde die russische Kriegführung in Tschetschenien insbesondere in Ländern Mittel- und Westeuropas harsch kritisiert. Russland begann ab Frühjahr 2001 darum wieder stärker, seine eigenständige Rolle zu betonen und versuchte sich den USA anzunähern. Diese Tendenz verstärkte sich nach dem sehr erfolgreichen Treffen Putins mit dem neuen US-Präsidenten George W. Bush im Juni 2001, nach dem Bush sagte, Putin „in die Seele" geschaut zu haben. Die Sackgasse, in der sich die russisch-westlichen Beziehungen Ende der 90er Jahre befunden hatte, wurde verlassen, von einem wirklichen Durchbruch zu einer Ära der Kooperation konnte aber keine Rede sein.

Russland versuchte auch einen Neuanfang im GUS-Raum, was Vertreter sämtlicher politischen Lager begrüßten. In den 90er Jahren waren nur etwa 10% der gemeinsam verabschiedeten Beschlüsse von den GUS-Ländern tatsächlich umgesetzt worden. Diese Lücke zwischen Anspruch und Wirklichkeit sollte geschlossen werden. Moskau versuchte, durch betont freundliche Gesten Vorbehalte gegen die alte Vormacht zu zerstreuen. So wurden die GUS-

Nachbarn offiziell nicht mehr vereinnahmend als „nahes Ausland" bezeichnet (Timmermann 2005: 7). Putin hob bei seinem Staatsbesuch in Aserbaidschan im Januar 2001 hervor, dass es keine Rückkehr zur imperialen Politik geben werde (Nabiyev 2003: 297; s. auch Sakwa 2004: 173). Zum Ärgernis imperial gesonnener Landsleute begab er sich zudem beispielsweise aus Anlass des 10. Jahrestags der Unabhängigkeit der Ukraine nach Kiew, um seine Glückwünsche auszusprechen. Zugleich versuchte er, nationalistische Kritiker zu besänftigen. Putin war Ende 1999 (noch als Ministerpräsident) der erste führende russische Politiker, der sich (in Usbekistan) mit Vertretern der russischen Diaspora traf, wenn er auch keine Versprechungen machte (Lo 2002: 79). Der Kreml agierte flexibler als in den Jahren zuvor, und relativierte beispielsweise seine Positionierung auf Seiten Armeniens in dessen Konflikt mit Aserbaidschan um Berg-Karabach.

Mitte 2001 waren die Beziehungen zwischen Russland und der euro-atlantischen Welt so entspannt wie seit Mitte der 90er Jahre nicht mehr. Das Vorgehen in Tschetschenien schmälerte jedoch die Bereitschaft des Westens, seinerseits auf Russland zuzugehen. Dieses wiederum reagierte hierauf verbittert und verwies darauf, dass der Konflikt im Nordkaukasus insbesondere als Kampf gegen den internationalen islamistischen Terrorismus zu deuten sei, der auch in anderen Weltregionen zu einer wachsenden Gefahr werde. Hierbei hatte der Kreml vor allem Zentralasien und Afghanistan im Blick:

Im Sommer 1999 hatten aus Afghanistan kommende islamistische Extremisten Ziele in Usbekistan und Kirgisistan angegriffen und sie intensivierten die Attacken in den folgenden zwei Jahren. Russland verstärkte die militärische Kooperation mit den Staaten Zentralasiens erheblich, da eine Destabilisierung der russischen Südgrenze als die größte Sicherheitsgefährdung des Landes galt. Die Grenze zu Kasachstan ist die längste der Welt. Zugleich wurde die von Russland in Afghanistan seit 1996 unterstützte Nordallianz von den islamistischen Taliban in die Defensive gedrängt und im Frühjahr 2001 vernichtend geschlagen. Russland begann laut darüber nachzudenken, Ziele in Afghanistan aus der Luft anzugreifen, während China und Usbekistan, zwei Nachbarn Afghanistans, Anzeichen zeigten, sich unter Umständen mit den Taliban zu einigen.

Dann kam der 11. September 2001. Präsident Putin war der erste ausländische Staatsmann, der seinen US-Kollegen nach den Terrorangriffen anrief und seine Unterstützung zusicherte. Russland half dem Westen u.a. mit Geheimdiensterkenntnissen und umfangreichen Waffenlieferungen an die Nordallianz, was wesentlich zu den raschen Siegen der USA und ihrer Verbündeten über die Taliban beitrug. Ohne die Kooperation des Kreml wäre es dem Westen vielleicht nicht möglich gewesen Basen in Staaten Zentralasiens einzurichten. Putin wurde für seine Politik aus sämtlichen politischen Lagern Russlands heftig kritisiert. Die Kooperation, so die Argumente, würde den Einfluss in einem traditionellen Interessengebiet schwächen und die Verbindungen mit dem Iran und der arabischen Welt gefährden. Der Westen führe nicht etwa deshalb einen Kampf gegen den Islamismus, weil er Russland entlasten wolle, sondern habe hieran ein eigenes Interesse. Der Kreml solle deshalb Forderungen für seine Kooperation erheben, was Putin jedoch unterließ.

Der Präsident ordnete stattdessen im Oktober 2001 die Schließung der umfangreichen Abhöranlagen in Kuba und der Marinebasis in Vietnam an. Auch hierfür verlangte Putin keine Konzessionen, die er gleichwohl erwartete (Black 2004: 149). Es gab deutliche Signale, dass sich Russland nunmehr als Teil des Westens und nicht etwa als Alternative zu ihm verstand, wie auch die Aufsehen erregende, auf Deutsch gehaltene Rede des russischen Präsidenten im Deutschen Bundestag im Oktober 2001 zeigte. Sorgen gegenüber Aspekten westlicher Politik blieben gleichwohl bestehen (Sakwa 2004: 216).

Im Dezember 2001, nach den ersten großen Siegen in Afghanistan, kündigten die USA den ABM-Vertrag auf. Die Kritik an der westfreundlichen Politik Putins nahm danach weiter zu. Der Präsident wurde in einem offenen Brief, der u.a. von einem der ehemaligen Verteidigungsminister Jelzins unterzeichnet worden war, bezichtigt, Russland zu „verkaufen". Der frühere Außenminister Primakow erklärte, dass Putins Politik vor allem dazu führe, die

USA zu einseitigem Handeln zu ermutigen (Black 2004: 161; Tsygankov 2004: 121; Sakwa 2004: 217).

Außenminister Iwan Iwanow wurde bei seinem Besuch in Zentralasien im Januar 2002 kühl empfangen. Es schien den Ländern der Region lohnender, sich Richtung Westen zu orientieren (Black 2004: 162). Im Bericht des US-Verteidigungsministeriums an den Kongress vom Januar 2002 wurde Russland, neben drei anderen Ländern, als potenzielles Ziel von US-Nuklearwaffen benannt. Und am symbolträchtigen 9. Mai 2002 erklärte der Ständige Vertreter der USA bei der NATO, Nicholas Burns, dass der Südkaukasus und Zentralasien nunmehr offiziell als Gebiete betrachtet werden, die für die NATO von „Interesse" seien (Black 2004: 168f., 175). Die russische Seite war erzürnt bzw. deprimiert.

Aus Sicht des Kreml war die außenpolitische Bilanz des Jahres nach dem 11. September aber keineswegs nur ernüchternd. Die USA erkannten Russland als Marktwirtschaft an, was von erheblicher wirtschaftlicher Bedeutung war und eine Voraussetzung für den erwünschten WTO-Beitritt darstellte (Donaldson 2009: 349). Zudem wurde die Kritik an den Menschenrechtsverletzungen in Tschetschenien leiser und Russland wurde das erste Nichtmitglied der EU, mit dem der EU-Ausschuss für Politik und Sicherheit monatliche Treffen abhielt, um Fragen der Außen- und Sicherheitspolitik zu diskutieren. Außerdem nahm die Frequenz der Treffen auf der Spitzenebene mit westlichen Staatsmännern wesentlich zu. Auch die Kontakte zur NATO gewannen mit dem im Jahre 2002 wesentlich erweiterten Zuständigkeiten des NATO-Russland-Rats eine neue Qualität, und es kam seitdem fast täglich zu Expertentreffen beider Seiten. Auch im GUS-Raum gab es aus russischer Sicht positive Signale. Im Mai 2002 einigte sich Russland mit Armenien, Kasachstan, Kirgisistan, Tadschikistan und Weißrussland auf die Schaffung der „Organisation des Vertrags für Kollektive Sicherheit". Er ging aus dem 1992 abgeschlossenen „Vertrag für Kollektive Sicherheit" hervor, aus dem Aserbaidschan, Georgien und Usbekistan 1999 ausgetreten waren.

Die Rüstungsbegrenzung war ein weiteres potenzielles Feld russisch-westlicher Kooperation. Sowohl Russland als auch die USA strebten wegen der hohen Kosten und des Fortfalls der Blockkonfrontation eine weitere Verringerung der strategischen Potenziale an. Im Jahre 2001 waren die vereinbarten Höchstgrenzen des START-I-Vertrags erreicht worden. Insbesondere Russland konnte aufgrund der wirtschaftlichen sowie sozialen Probleme und des Krieges in Tschetschenien die hohen Kosten für die Nuklearrüstung nicht tragen. Der Kreml hatte zwar nach dem Ausstieg der USA aus dem ABM-Vertrag, wie zuvor angekündigt, den START-II-Vertrag aufgekündigt, wollte die USA jedoch zu einem Abkommen bewegen, das weiterhin eine nukleare Parität garantierte. Die USA sahen sich jedoch in einer Position unvergleichlicher Stärke und wollten ihre Handlungsfreiheit nicht eingeschränkt sehen. Ergebnis dieser Situation war der „SORT"-Vertrag von 2002. Das Arsenal wurde auf 1700 bis 2200 Sprengköpfe reduziert, im Gegensatz zu START I wurde aber die Möglichkeit eröffnet, weitere Sprengköpfe einzulagern. Der Vertrag kann kaum als Verhandlungsergebnis betrachtet werden. Die genannte Obergrenze war zuvor vom Pentagon als Idealgröße für die langfristigen Bedürfnisse der USA bezeichnet worden (Donaldson 2009: 348f.).

Russland und China unterzeichneten Mitte 2001 einen Vertrag über gute Nachbarschaft, Freundschaft und Kooperation, das erste derartige Abkommen zwischen beiden Staaten seit 1950, was die Position Putins auf dem folgenden G8-Gipfel stärkte (Black 2004: 138). Russland unterstützte jedoch die Einrichtung westlicher Basen in Zentralasien, die China ablehnte, und reagierte verhalten auf den US-Rückzug aus dem ABM-Vertrag. Peking wurde von Moskau nicht konsultiert, obwohl dies der russisch-chinesische Vertrag erfordert hätte. Der Kreml sah zeitweilig sogar davon ab, China als „strategischen Partner" zu bezeichnen. Russland wünschte sich ein gut nachbarschaftliches Verhältnis zu China, aber nicht zuletzt, um den Westen damit zu beeindrucken. Der Außenhandel spielte noch keine zentrale Rolle im zweiseitigen Verhältnis, 2002 stand China für Russland als Handelspartner lediglich an sechster Stelle (Donaldson 2009: 279, 281). In den ersten Jahren nach der Jahrhundertwende war der russische Staat in der Lage, etwa 25% der heimischen Waffenproduktion aufzukaufen, während drei Viertel exportiert wurden. Sie gingen überwiegend nach China, das somit mehr neue russische Waffen erwarb als die russischen Streitkräfte.

Seit Herbst 2002 wurde die internationale Politik wesentlich von der Irakkrise bestimmt. Sie soll ausführlicher behandelt werden, um die Motive und Mittel russischer Politik exemplarisch herausarbeiten zu können:

Deutschland und Frankreich waren die schärfsten Kritiker der Irakpolitik der USA und Großbritanniens, die seit Oktober 2002 immer deutlicher auf einen Krieg zusteuerte. Der Kreml schloss eine Billigung oder gar Beteiligung an einem Irakkrieg nicht grundsätzlich aus, obgleich er einen Waffengang nicht für richtig hielt. Noch Ende Februar/Anfang März 2003 gab es Anzeichen, dass sich der Kreml auf die angelsächsische Seite schlagen könnte. Regimewechseln auf Grund des Drucks der USA und selbst Entwaffnungskriegen hätte sich Russland nicht grundsätzlich widersetzt. Der Anreiz, Partner der Vereinigten Staaten zu sein, war sehr groß, das Vertrauen in die Standfestigkeit, Handlungsfähigkeit und -bereitschaft europäischer Länder dagegen gering, was gegen eine Kooperation mit Deutschland und Frankreich sprach.

Russland jonglierte zu Beginn des Jahres 2003 folglich zunächst zwischen der kontinentaleuropäischen und der angelsächsischen Gruppe, auch um die eigenen sehr erheblichen wirtschaftlichen Interessen im Irak nicht zu gefährden. Zudem waren nicht nur NATO und EU in der Irakfrage gespalten, sondern auch die GUS. Kasachstan und Armenien, ansonsten enge Partner Russlands, stellten sich in der Irakfrage offen auf die Seite der USA. Russland musste fürchten, dass sich auch die Ukraine, deren Präsident bereits seit dem Jahre 2002 über einen möglichen NATO-Beitritt sprach, im Falle einer russisch-amerikanischen Konfrontation noch deutlicher auf die US-Seite stellt. Die russische Bevölkerung bekundete in Umfragen zudem eine höhere Neigung als Deutsche, Franzosen und selbst Briten, den US-geführten Kampf gegen den Terror gut zu heißen. Dies traf jedoch nicht auf die etwa 15% der Bevölkerung umfassende muslimische Minderheit zu, die die Irakpolitik Washingtons weithin ablehnte: Als der Krieg schließlich ausbrach, kämpften tatarische Freiwillige auf irakischer Seite mit (Sakwa 2004: 134).

Der Kreml war schließlich zur Ansicht gelangte, dass die USA keine Neigung zeigen würden, Rücksicht zu nehmen. So wurde

Russland Anfang 2003 im „Nuclear Posture Review", einem strategischen Grundsatzdokument der USA, als Ziel für nukleare Erstschlagswaffen benannt. Der Kreml fürchtete insbesondere eine schwerwiegende Schädigung der UN und der internationalen Ordnung und argwöhnte, das Verhältnis der Bush-Administration zur Wahrheit und zum Völkerrecht könnte nicht nur eine nach dem 11. September vielleicht verständliche vorübergehende Erscheinung sein, sondern Ausdruck eines Paradigmenwechsels. Dies würde nach Ansicht des Kreml existenzielle außenpolitische Interessen bedrohen. Dementsprechend schloss sich Russland der deutsch-französischen Verbindung an. Die Gefährdung der ökonomischen Interessen im Irak wurde in Kauf genommen. Im März veröffentlichten die drei Länder eine gemeinsame Erklärung, zu der die New York Times schrieb: „Das lauteste ‚Nein', das im Verlauf des vergangenen halben Jahrhunderts – oder länger – über den Atlantik gerufen wurde."

Von allen großen Mächten zeichnete sich Russland durch die flexibelste Haltung in der Irakkrise aus. Der Kreml wollte keinen Keil zwischen die USA und europäische Länder treiben, anders als mitunter in den 90er Jahren. Eine Spaltung des Westens war unerwünscht, die Aussichten für die Modernisierung des Landes sollten nicht gefährdet werden. Auch in den Krisenmonaten gab es einen intensiven Kontakt zwischen Moskau und Washington. Die Bedeutung Russlands als Partner im Anti-Terror-Kampf und zur Einhegung Chinas, seine Rohstoffe und das amerikanische Bestreben, einer weiteren Stärkung der kontinentaleuropäischen Verbindung entgegenzuwirken, trugen zu einem sachlichen Verhältnis zwischen den USA und Russland bei (Schulze 2003).

Nach dem Kriegsausbruch Ende März 2003 demonstrierte Russland die größte Härte im europäischen Dreierbund: Putin bezeichnete den Angriff als „schweren politischen Fehler", betonte aber, dass Russland aus politischen und ökonomischen Gründen weder eine Konfrontation mit den Vereinigten Staaten noch deren Niederlage wolle. Anders als in Frankreich oder Deutschland wurde von offizieller Seite am Tag des Falls von Bagdad wenige Wochen später keine Genugtuung geäußert. Moskau sandte, anders als Berlin und Paris, auch nach Kriegsende zunächst keine entgegenkommenden Signale aus. Mitte Mai wurden während des Aufenthalts von US-Außenminister Powell in Moskau zwar freundliche Worte ausgetauscht, zur gleichen Zeit hielten russische Streitkräfte jedoch umfassende Manöver ab, in denen offensichtlich Angriffe auf US-Ziele im Indischen Ozean geübt wurden.

Die Demonstration der Stärke und Entschlossenheit ging allerdings mit deutlichen Signalen der Kooperationsbereitschaft einher. Der Kontakt mit Washington blieb eng, die Duma ratifizierte den SORT-Vertrag und Ende Mai 2003 deutete der Kreml seine Zustimmung zu einer neuen Irakresolution der Alliierten an, Frankreich hingegen eine Enthaltung. Schließlich einigten sich die Außenminister Deutschlands, Frankreichs und Russlands auf eine gemeinsame Haltung und die Zustimmung zu einem nachgebesserten Entwurf der Alliierten. Putin war im Spätsommer 2003 der erste prominente Staatschef, der sich UN-Friedenseinheiten unter US-Kommando vorstellen konnte, falls der Sicherheitsrat zustimme. Auf der UN-Vollversammlung Ende September 2003 machte Putin, anders als der deutsche Kanzler und der französische Präsident, nur eine vage Andeutung über die Bedeutung der UNO im Irak und kam US-Vorstellungen somit deutlich entgegen. Zu dieser Zeit war sogar noch im Gespräch, russische Truppen in den Irak zu entsenden. Russland hatte im Vorfeld des Krieges wiederholt gewarnt, ein Angriff werde zu Chaos und zunehmendem Terror führen. Als dies eintraf, wurden die USA von offizieller russischer Seite nicht öffentlich kritisiert.

Präsident Putin nutzte seinen Spielraum zur Stabilisierung und Verbesserung der Beziehungen zur euro-atlantischen Welt in den ersten Jahren seiner Präsidentschaft. Antiwestliche Affekte wurden nicht instrumentalisiert. Die im Vergleich zur Jelzin-Ära in einigen Bereichen autoritärere Politik im Inneren wurde von einer kooperationsbereiteren Außenpolitik begleitet. Falls der Präsident eine Außenpolitik betrieben hätte, die sich stärker an den Wünschen der Bevölkerung und großer Teile der Eliten orientiert hätte, würde sich Russland weniger kooperativ gezeigt haben.

Ein gewisses Misstrauen gegenüber dem Westen blieb gleichwohl bestehen. Die Kündigung des ABM-Vertrags durch die USA führte darum zur Entwicklung und schließlich zur Indienststellung von neuartigen Interkontinentalraketen, gegen die auf absehbare Zeit keine Abwehrmöglichkeit besteht. Der Kreml bemühte sich zudem mit Hochdruck um einen Abbau der staatlichen Auslandsschulden, was einen potenziellen Ansatzpunkt für westliche Einflussnahme beseitigen sollte. Hierfür wurden negative Auswirkungen auf die Fähigkeit zu Investitionen der öffentlichen Hand innerhalb des Landes in Kauf genommen. Die staatliche Auslandsverschuldung Russlands in Prozent vom BIP entwickelte sich wie folgt (jeweils zum Jahresende) (Bank of Finland 2011 (2)):

| 2001 | 2003 | 2005 | 2008 |
|---|---|---|---|
| 33,3% | 22,4% | 9,2% | 1,9% |

Die Entwicklung im GUS-Raum verlief zunächst äußerlich in gewohnten Bahnen. Die Staatsoberhäupter trafen sich weiterhin zweimal im Jahr, und es wurden nach wie vor Abkommen geschlossen, deren Umsetzung – wie in den 90er Jahren – meist zu wünschen übrig ließ. Russland begann sich stärker auf bilaterale Beziehungen in der Region zu konzentrieren. Es strebte unverändert die Führungsrolle an und wollte diese auf indirekte Art und Weise erreichen, indem es über die Wirtschaft Einfluss zu sichern, zu steigern und auszuüben versuchte, was Vertreter sämtlicher politischer Lager befürworteten. Konzerne, die in staatlichem Eigentum waren oder dem Kreml nahestanden, begannen, strategisch wichtige Betriebe in GUS-Ländern zu übernehmen.

Die Aussichten einer erfolgreichen Implementierung dieser Strategie waren zunächst nicht gut. Zwischen 2000 und 2004 flossen nur gut 10% der ohnedies geringen russischen Auslandsinvestitionen in die Länder der GUS. Ihr Anteil am russischen Außenhandel belief sich 1991 noch auf 55%, 2002 waren es lediglich 14%, und in den folgenden Jahren stieg er nur leicht an – auf 17%. 1999 setzte erstmals seit dem Ende der UdSSR eine Wachstumsphase der russischen Wirtschaft ein, und seit etwa 2002 zogen die Öl- und Gaspreise deutlich an. Folglich erhöhte sich sowohl der Handlungsspielraum des Staats als auch der Wirtschaft, sodass auch die Auslandsinvestitionen deutlich zunahmen. Der Kreml zeigte sich entschlossen, die oben skizzierte ökonomische Strategie umzusetzen, und schien diesem Ziel im Herbst 2003 ein großes Stück näher zu kommen:

Im September 2003 einigten sich Kasachstan, Russland, die Ukraine und Weißrussland auf die Schaffung eines „Einheitlichen Wirtschaftsraums", der nach russischer Vorstellung zum Kern eines neuen Integrationsprozesses werden sollte. Der Kreml war für die Realisierung des Projekts zu Konzessionen in Milliardenhöhe bereit, um dessen Anziehungskraft für die drei kleineren Partner zu erhöhen. Die Ukraine machte aber rasch deutlich, zu einer „Ost-EU" mit integrativen Elementen nicht bereit zu sein. Weißrussland zeigte sich als enthusiastischer Befürworter des Vorhabens, konnte aus Moskauer Sicht aber keineswegs als verlässlich gelten. Präsident Jelzin hatte kurz vor seinem Rücktritt Anfang Dezember 1999 mit seinem weißrussischen Kollegen Alexander Lukaschenko einen Vertrag über die Schaffung eines gemeinsamen Unionsstaats und die künftige Übernahme des russischen Rubels auch in Weißrussland vereinbart. Von integrativen Fortschritten konnte in den folgenden Jahren dennoch kaum die Rede sein. Dies lag teils an der wechselseitigen Abneigung, die Putin und Lukaschenko füreinander empfanden, ging aber weit darüber hinaus. Weißrussland instrumentalisierte eher Russland und spekulierte auf weiterhin deutlich verbilligte Energielieferungen und die Unterstützung seiner politischen Führung, die im Westen scharf kritisiert wurde.

Kasachstan zeigte sich als aufrichtiger Partner Russlands, der jedoch zunehmende Kontakte mit dem Westen und China pflegte. Westliche Länder und Organisationen wurden im GUS-Raum nach der Jahrhundertwende weit aktiver als zuvor und gewannen an Einfluss. Dies lag u.a. an den Erweiterungen von EU und NATO, am Kampf gegen den Terror und an der wachsenden Konkurrenz um Energieressourcen.

### 4.2 2003 bis 2005: Zwischen Kooperation und Entfremdung: Russland und der Westen

Russland hatte in den ersten drei Amtsjahren Präsident Putins gegenüber dem Westen Kooperationsbereitschaft gezeigt, zugleich jedoch deutlich eigene Interessen verfolgt und Rücksichtnahme eingefordert. Putin gelangte nach und nach zu der Ansicht, dass Russland härter agieren müsse, um eine aus eigener Sicht angemessene Dividende zu erzielen. Putin war nun der Auffassung, dass die Kritiker seiner Politik nach dem 11. September über stichhaltigere Argumente verfügt hatten als er damals glaubte. Russland zeigte sich seit dem Jahr 2003 folglich zunehmend unzufrieden mit der Dauerhaftigkeit der westlichen Basen in Zentralasien, die ursprünglich nur temporär zur Bekämpfung des Terrors gedacht gewesen waren. Es versuchte, den Einfluss der USA zurückzudrängen, und konnte einige Erfolge verbuchen. Dies war jedoch nicht mit eigenem Machtgewinn gleichzusetzen, denn die Länder Zentralasiens spielten die Großen gegeneinander aus, um ihren Handlungsspielraum zu erweitern und von allen Seiten Unterstützung zu erhalten.

Die Eliten in den autoritär regierten Staaten Zentralasiens begannen gleichwohl zunehmend skeptisch zu werden, ob der Westen als stabilisierende Macht zu betrachten sei. Die US-Administration profilierte sich weltweit als Förderer der Demokratie, der auch vor dem Einsatz gewaltsamer Mittel nicht zurückscheute, wie das Beispiel des Irak zeigte. Dies begünstigte den Einfluss des Kreml in der Region, der nicht Demokratie, sondern Stabilität in den Mittelpunkt seiner Außenpolitik stellte. Zudem hegte man in Moskau den Verdacht, dass Washington die Demokratieagenda nur vorschiebe, während eigentlich machtpolitische Ziele im Vordergrund stünden.

Aus russischer Sicht gefährdete die enge Kooperation mit dem Westen auch das Verhältnis zum Iran, der seit dem Ende der UdSSR in Zentralasien und im Kaukasusraum eine aus Moskauer Perspektive positive, stabilisierende Politik betrieben hatte. Zudem waren Russland und der Iran seit Jahren Verbündete gegen die Taliban. Andererseits vertrat Teheran hinsichtlich der Grenzziehung im Kaspischen Meer eine Position, die von den anderen Anrainern nicht geteilt wurde und erhebliche Spannungen mit sich brachte. Als im Frühjahr 2002 ein Gipfeltreffen der Anrainer scheiterte, schloss Russland einseitig ein Grenzabkommen mit Kasachstan und hielt im Sommer ein großes Manöver auf dem Gewässer ab, an dem sich nicht nur Kasachstan, sondern auch das mit dem Iran zerstrittene Aserbaidschan beteiligte. Zudem schlossen Russland und Aserbaidschan ein Abkommen über die Seegrenze. Moskau profilierte sich als regionale Ordnungsmacht und sandte Teheran eine deutliche Mahnung, sich zurückzuhalten (Freedman 2007: 203).

Russland war durch die deutlich anziehenden Energiepreise gestärkt, was sein Selbstbewusstsein bis zum Einsetzen der Finanz- und Wirtschaftskrise 2008 deutlich erhöhte. Moskau zeigte eine zunehmende Bereitschaft und Fähigkeit zu einer multivektoralen Außenpolitik. Intensive Beziehungen zu China wurden stärker als Wert an sich und weniger als Pfand betrachtet, um den Westen für sich zu interessieren. Der Handelsaustausch zwischen beiden Ländern wies ungewöhnlich hohe Wachstumsraten auf und der chinesische Präsident Hu Jintao begab sich im Frühjahr 2003 für seinen ersten offiziellen Auslandsaufenthalt demonstrativ nach Moskau.

Während sich die Beziehungen des Westens zur islamischen Welt tendenziell verschlechterten, begannen sowohl Russland als auch die Islamische Konferenz, eine Organisation der islamischen Staaten, seit dem Herbst 2003 einen Beobachterstatus für Russland zu thematisieren. Die Konflikte im russischen Nordkaukasus standen der Kooperation hierbei nicht im Wege. Die Islamische Konferenz bezeichnete Tschetschenien konsequent als innere Angelegenheit Russlands. Zugleich zeigte die Nahostpolitik des Kreml eine deutlich israelfreundlichere Haltung als in den 90er Jahren. Er riet jedoch zur Aufnahme von Gesprächen mit der Hamas, die 2006 die Wahlen in den palästinensischen Autonomiegebieten gewann. Sie galt in den meisten westlichen Ländern als Terrororganisation, Moskau argumentierte, sie könne sich, ebenso wie die IRA in Nordirland, schließlich in eine politische Organisation wandeln (Donaldson 2009: 316f.).

Zudem fanden Russland und die Türkei zu einer Annäherung. Letztere war von ihrer aus russischer Sicht in den 90er Jahren mitunter destabilisierenden Politik in Zentralasien abgegangen. Ankara wiederum war enttäuscht wegen der Zurückhaltung der EU in Bezug auf einen möglichen Beitritt und von den USA wegen des Irakkriegs entfremdet. Russland und die Türkei einigten sich auf ein wesentlich vereinfachtes Visumsverfahren, das in der Folgezeit zu jährlich Millionen russischen Urlaubern in der Türkei führte, und z.B. auf die Erdgasleitung „Blue Stream" auf dem Grund des Schwarzen Meeres. Das zweiseitige Handelsvolumen stieg darüberhinaus signifikant an.

In den Beziehungen Russlands mit der EU wurden hingegen Interessenunterschiede deutlicher. In der „Gemeinsamen Strategie" für eine Russlandpolitik von 1999 formulierte die EU an Moskau Erwartungen wie an künftige Mitglieder, ähnlich wie bereits im „Partnerschafts- und Kooperationsabkommen" von 1994: Russland solle EU-Regeln übernehmen, ohne an deren Formulierung beteiligt zu sein und ohne, dass dies für die Zukunft in Aussicht gestellt wurde. Russland lehnte dies zunehmend nachdrücklich ab. Es wünschte hingegen eine Kooperation, um an eigener Handlungsfähigkeit zu gewinnen. Trotz dieser grundsätzlichen Differenzen einigten sich Russland und die EU im Mai 2003 auf die Schaffung von „Vier gemeinsamen Räumen" der Wirtschaft, inneren Sicherheit, äußeren Sicherheit und Forschung/Bildung/Kultur. Im Winter 2003/04, im Vorfeld der großen EU-Osterweiterung, häuften sich jedoch die Konflikte. Die EU-Kommission stellte zu Beginn 2004 fest, dass die Zusammenarbeit mit Russland immer schwieriger und ineffektiver werde. Russland seinerseits bekundete wiederholt seine Unzufriedenheit mit der Situation der russischsprachigen Minderheit im Baltikum. Die EU reagierte hierauf mit dem Angebot, einen umfassenden Dialog über Menschenrechtsfragen zu führen, auf das Russland aber nicht eingehen mochte.

Das EU-Russland-Gipfeltreffen vom Frühjahr 2004 verlief trotz alledem in einer ausgezeichneten Atmosphäre und Putin zeigte wie gewöhnlich sein deutliches Interesse an einem Ausbau einer Partnerschaft mit der Europäischen Union. Im Mai betonte er, dass die EU-Osterweiterung beide „nicht nur geographisch, sondern auch wirtschaftlich und geistig" näherbringen solle. Javier Solana, der damalige Hohe Vertreter der Gemeinsamen Außen- und Sicherheitspolitik, nannte die Entwicklung der Partnerschaft mit Russland „die wichtigste, drängendste und herausforderndste Aufgabe der EU zu Beginn des 21. Jahrhunderts".

Russland und dessen Bewohner unterhalten seit dem Ende der UdSSR mit keinem anderen westlichen Land so umfangreiche und tiefe Kontakte wie mit Deutschland. Durch die Einbindung Berlins in die euro-atlantischen Strukturen verloren die zweiseitigen Beziehungen in einigen Fragen an Bedeutung, in anderen gewannen sie jedoch an Gewicht, denn Deutschland trat von allen bedeutenden Mächten am nachdrücklichsten für eine Einbindung und nicht etwa Ausgrenzung Russlands ein, etwa im Rahmen der EU oder NATO. Auch in Bezug auf Zentralasien überwogen die kooperativen Elemente, anders als im russisch-amerikanischen Verhältnis. Aber auch in Deutschland wurde die Kritik an innenpolitischen Entwicklungen innerhalb Russlands lauter, die als Verfestigung autoritärer Strukturen gedeutet wurden. Dennoch war Bundeskanzler Schröder im Mai 2004 der erste wichtige ausländische Gast Putins nach dessen Sieg bei den Präsidentschaftswahlen.

Auch im Hinblick auf die enge Beziehung zwischen Schröder und Putin war es bemerkenswert, dass Putin im Juni überraschend erklärte, der Irak des gestürzten Saddam Husseins habe Terrorakte gegen die USA geplant, Moskau habe derartige Informationen wiederholt an Washington weiter geleitet. Auch in den USA reagierte man überrascht. – Die Behauptung einer Verstrickung in Terroraktivitäten war bekanntlich eine Begründung für den Angriff auf den Irak gewesen. – Putin stellte sich mit seinen nach wie vor nicht mit Fakten unterlegten Worten nachdrücklich hinter Präsident Bush, der sich zu dieser Zeit im Wahlkampf befand. Das russische Staatsoberhaupt war darüber hinaus während des US-Präsidentschaftswahlkampfs 2004 der einzige ausländische Staatsmann, der sich öffentlich für eine Wiederwahl Bushs aussprach. Die Botschaft war eindeutig: Russland war auf ein gutes Verhältnis zu den USA bedacht und bereit, sich auch in schwierigen Zeiten an deren Seite zu stellen – und dabei Deutschland (sowie Frankreich) vor den Kopf zu stoßen. Bush revanchierte sich für die russische Rückendeckung mit den Worten, dass es für ihn immer eine Freude sei, mit seinem Freund Wladimir Putin zu sprechen.

Im Sommer 2004 erklärte der russische Verteidigungsminister Sergei Iwanow, in den Plänen der USA, Truppen in Ostmitteleuropa stationieren zu wollen, nichts Bedrohliches zu sehen. Moskau beharrte auch nicht darauf, dass die Frage der Massenvernichtungswaffen, die die Begründung für den Irakkrieg dargestellt hatten, vollständig und international aufgeklärt wurde. Zudem ratifizierte Russland die von den USA initiierte „Proliferation Security Initiative", die der Unterbindung des Schmuggels und der grenzüberschreitenden Verbreitung von waffenfähigem Material dient.

Demgegenüber gab es zunehmend Anzeichen einer Verschlechterung der Beziehungen mit dem Westen. Die Frequenz der Besuche Putins im nordatlantischen Raum ließ deutlich nach, und nur seine engsten europäischen Freunde, vor allem der Bundeskanzler, reisten nach Russland. Putin begann zum Ärger der USA, zunehmend vom Ziel einer multipolaren Welt zu sprechen, was etwa Frankreich oder China bereits seit Jahren taten (Smith 2005: 40ff.), und Russland bekundete in steigendem Maße Ärger über die seines Erachtens einseitige Arbeit der OSZE, die auch von einigen anderen OSZE-Mitgliedern im postsowjetischen Raum geteilt wurde. Moskau vermutete zunehmend eine unfreundliche Disposition auf der westlichen Seite, und der Präsident führte in einer viel beachteten Rede aus: „Bei weitem nicht alle in der Welt wollen es mit einem selbstständigen, starken und selbstbewussten Russland zu tun haben. (…) Die Stärkung unserer Staatlichkeit wird (…) unbewusst als Autoritarismus gedeutet."

Die Entwicklungen im GUS-Raum trugen wesentlich zur russisch-westlichen Entfremdung bei: Im Herbst 2003 legte Russland einen Friedensplan vor, um den „eingefrorenen Konflikt" zwischen der Republik Moldau und dem abgespaltenen Transnistrien zu lösen und sich als Makler dauerhaften Einfluss zu sichern. Die Ukraine war in die Verhandlungen für einen Friedensplan eingebunden worden, nicht aber die OSZE oder EU, was im Westen als unangemessene Ausgrenzung betrachtet wurde.

Vorbehalte der EU und umfangreiche antirussisch geprägte Demonstrationen führten dazu, dass der Präsident Moldaus seine mündliche Zusage zum russischen Friedensplan in letzter Minute zurückzog. Der geplante Besuch Putins wurde abgesagt. Der Kreml hatte eine schwere diplomatische Niederlage erlitten. Die Regierung Moldaus forderte Russland zudem im Februar 2004 erstmals formell zum Abzug seiner Truppen aus Transnistrien auf, der bis Ende 2001 hätte erfolgen müssen, was Moskau jedoch bestritt. Im September nahm der Präsident Moldaus erstmals nicht an einem

GUS-Gipfel teil. Russland zeigte sich seit dem Herbst 2004 aufgeschlossener, in der Transnistrienfrage mit der EU zusammenzuarbeiten. Die aus Sicht des Kreml demütigende Episode hatte deutlich gemacht, dass sich Russland und der Westen in einer wachsenden Konkurrenzsituation im GUS-Raum befanden, wie auch andere Beispiele zeigten.

Ebenfalls 2004 forderte Tadschikistan überraschend die Übernahme der Kontrolle der Grenze zu Afghanistan, die bisher von Truppen unter dem Kommando russischer Offiziere gesichert wurde. Russland zog seine Soldaten zurück und vermutete, dass letztlich die USA für die tadschikische Forderung verantwortlich gewesen seien. Die Situation war aus Sicht des Kremls umso ernüchternder, als russische Spezialkräfte zuvor den tadschikischen Präsidenten bei einer Revolte unterstützt hatten, die von dessen eigener Garde ausgegangen war.

Dies waren jedoch nur Episoden im Vergleich zu den Auswirkungen, welche Entwicklungen in Georgien in den folgenden Jahren auf das Verhältnis zum Westen ausüben sollten: Ende 2003 wurde der bisherige Staatspräsident Eduard Schewardnadse in der „Rosenrevolution" durch Michail Saakaschwili abgelöst, der sein Land noch entschiedener Richtung Westen führen wollte als sein Vorgänger. Die russische Seite war nicht der Ansicht, dass es sich bei dem Umsturz um eine echte Volksbewegung gehandelt habe, sondern sah ihn von außen gesteuert und betrachtete die Eile, mit der einige westliche Länder der neuen Führung gratulierten, als unangemessen. Der Kreml sah die Umstände des Machtwechsels mit Widerwillen, spielte aber während des Umbruchs und der darauf folgenden Monate eine konstruktive Rolle und trug indirekt dazu bei, dass Präsident Saakaschwili die Provinz Adscharien, die in den vorhergehenden Jahren eigene Wege gegangen war, wieder der Zentralgewalt unterstellen konnte. Russland hoffte auf eine Entkrampfung der seit Jahren angespannten Beziehungen, deutete aber zugleich an, auch Druck ausüben zu können.

Russlands Georgienpolitik war fast ein Jahr von unerwarteter und ausgeprägter Konzilianz geprägt. Im August 2004 allerdings versuchten georgische Sicherheitskräfte Südossetien, das sich ebenso wie Abchasien zu Beginn der 1990er Jahre abgespalten hatte, Georgien wieder einzuverleiben. Zuvor war die dortige Situation relativ entspannt gewesen. Beide Seiten hatten sogar begonnen, gemeinsame Sicherheits- und Verwaltungsorgane aufzubauen, und die Arbeit der international anerkannten, russisch dominierten Friedensstreitkräfte, die die Waffenruhe garantierten, wurde von unabhängigen Beobachtern als recht erfolgreich bewertet. Der georgische Angriff machte diese hoffnungsvollen Ansätze zunichte, die Haltung sowohl Südossetiens als auch Russlands gegenüber Georgien verhärtete sich, und Russland begann sich stärker auf die Seite des abgespaltenen Gebiets zu schlagen.

Quelle: http://upload.wikimedia.org/wikipedia/commons/thumb/e/e4/Caucasus-political_de.svg/1000px-Caucasus-political_de.svg.png

Der Kreml stand im Herbst 2004 unter dem Eindruck eines deutlichen Macht- und Prestigeverlustes im GUS-Raum in den vergangenen zwölf Monaten. Insbesondere die Hoffnungen auf eine Entspannung mit Georgien hatten sich nicht erfüllt, dabei war Putin mit seinem georgischen Kollegen häufiger zusammen getroffen als mit jedem anderen Staatsmann, wenn man vom Bundeskanzler absieht. Vor diesem Hintergrund wurden in Moskau Stimmen lauter, die sich dafür aussprachen, Politikern mit einer sehr deutlichen Ausrichtung auf den Westen in Zukunft nachdrücklicher entgegenzutreten.

Noch im Sommer 2004 hatte Präsident Putin in einer Rede vor russischen Diplomaten betont: „Wir müssen Russlands Beziehung zu anderen GUS-Ländern so attraktiv wie möglich gestalten – nicht nur für uns, sondern auch für sie." Die Annahme, dass „niemand anderer als wir das Recht zu führen hat, ist falsch, illusorisch und irreführend". Putin sah offensichtlich Anlass, dies hervorzuheben. Falls seine Worte auch zu einer verbalen Zurückhaltung auffordern sollten, so hielt er sich selbst nicht daran. Der Präsident hatte nicht nur im US-Wahlkampf eindeutig Position bezogen, sondern sich auch im September 2004 in Abchasien auf die Seite eines Präsidentschaftskandidaten geschlagen, der jedoch unterlag. Der Einfluss Russlands auf die Entwicklungen in seiner Nachbarschaft war offensichtlich selbst in einem Gebiet wie Abchasien begrenzt, dessen Existenz letztlich vom Wohlwollen des Kreml abhing. Russland beschädigte ohne Not sein Prestige. In Bezug auf die Ukraine wiederholte sich kurz darauf dieses Muster, diesmal mit gravierenden Auswirkungen. Aufgrund ihrer Bedeutung sollen die Ereignisse hier darum ausführlich dargelegt werden.

Die Ukraine pflegte seit ihrer Unabhängigkeit entspannte Beziehungen sowohl in westliche als auch östliche Richtung. Die Anziehungskraft des Westens wuchs jedoch mit den Erweiterungen von NATO und EU, die seit 1999 bzw. 2004 bis an die Grenzen des Landes reichten. Wiktor Juschtschenko und Wiktor Janukowitsch waren die beiden aussichtsreichsten Kandidaten des Mitte 2004 einsetzenden Präsidentschaftswahlkampfs. Juschtschenko konnte sich auf eine Koalition entschiedener Demokraten, ukrainischer Nationalisten aus dem Westen des Landes und einer Gruppe von Oligarchen stützen, die die oberste Stufe von Reichtum und Macht noch nicht erklommen hatten. Für den Fall seiner Präsidentschaft war damit zu rechnen, dass er die Politik des Zurückdrängens der russischen Sprache und der Annäherung an euro-atlantische Strukturen beschleunigt fortführen würde. Diese Aussichten konnte der Kreml nicht begrüßen.

Janukowitsch hingegen zeigte sich demonstrativ russlandfreundlich. Es war jedoch stets fraglich, ob er entsprechende Ankündigungen nach einem Wahlsieg umsetzen wollte. Der noch amtierende Präsident Leonid Kutschma, der ihn unterstützte, hatte mit ähnlichen Versprechen seine Wahlkämpfe betrieben, sie jedoch nicht gehalten. Janukowitsch konnte auf die Unterstützung der russischsprachigen Bevölkerung sowie einiger ostukrainischer Oligarchen zählen, deren Interessen er offensichtlich vertrat.

Der Kreml entschied sich für eine Unterstützung von Janukowitsch, den Präsident Putin während des Wahlkampfes besuchte und während eines Interviews im ukrainischen Fernsehen mehrfach lobte. Beim ersten Wahlgang am 31. Oktober errang Janukowitsch nach offiziellen Angaben 39,3% und Juschtschenko 39,9% der Stimmen. Kurz vor der Stichwahl erwies Putin auch Juschtschenko seine Referenz, und der russische Botschafter in der Ukraine erklärte wiederholt, Russland werde mit jedem gewählten Staatsoberhaupt zusammenarbeiten. Die Positionierung Russlands auf Seiten eines der Kandidaten war jedoch deutlich. Putin beglückwünschte Janukowitsch nach der Wahl vom 21. November bereits vor der Veröffentlichung des offiziellen Endergebnisses zum Sieg. Demnach hatte er 49,5% der Stimmen erhalten, Juschtschenko 46,6%. Die russischen Beobachter erklärten die Wahl, wie sämtliche anderen im GUS-Raum, für fair und frei.

Millionen Ukrainer und westliche Beobachter hielten die Ergebnisse jedoch für gefälscht. In den folgenden Wochen demonstrierten Hunderttausende, und die westliche Kritik ließ nicht nach, sodass Putin zurückruderte. Er schloss sich der Haltung Kutschmas an, dass ein neuer Urnengang notwendig sei, wobei aber nicht nur die Stichwahl, sondern der gesamte Wahlvorgang wiederholt werden müsse. In diesem Fall hätten weder Janukowitsch noch Juschtschenko erneut antreten dürfen. Der russisch-europäische Gipfel war wenige Tage darauf von wechselseitigen Anklagen geprägt. Während Putin nochmals demonstrativ Janukowitsch zum

Wahlsieg gratulierte, nannte der amtierende EU-Ratsvorsitzende Jan Balkenende das Ergebnis „gefälscht". Der russische Präsident entgegnete, auswärtige Mächte hätten kein Recht, sich in die Wahlen eines anderen Landes einzumischen. Gleichzeitig betonte er aber die „strategische Wahl" seines Landes für Europa.

Am 2. Dezember traf sich Putin überraschend mit seinem noch amtierenden Kiewer Kollegen Kutschma. Der russische Präsident nannte die Ukraine ein „hundertprozentig russischsprachiges Land", was provokativ wirken musste. Andererseits sagte er: „Für Russland ist die Ukraine ein geeinter und unabhängiger Staat, (…) und wir teilen sie in unserem Innern nicht in einen nördlichen, südlichen oder westlichen Teil." – In den östlichen Landesteilen dominierten die Stimmen für Janukowitsch, in den westlichen diejenigen für Juschtschenko. – Beide sprachen sich nochmals für eine Wiederholung des gesamten Wahlvorgangs aus. Russland rückte von dieser Haltung wenige Tage später ab, und die Stichwahl wurde zudem vom Obersten Gericht der Ukraine wegen erheblicher Unregelmäßigkeiten annulliert, sodass eine Wiederholung anstand.

Russland versuchte seinen empfindlichen Gesichtsverlust durch eine Demonstration von Härte zu überdecken. Putin fand bei seinen Besuchen in Indien und Brasilien Anfang Dezember 2004 ungewohnt harte Worte für die USA, denen er vorwarf eine „Diktatur in den internationalen Beziehungen" errichten zu wollen. Zur selben Zeit weigerte sich Sergei Lawrow, der 2004 Iwan Iwanow als Außenminister gefolgt war, das Abschlussdokument des OSZE-Ministertreffens in Sofia zu unterzeichnen. Dies nötigte die Organisation erstmals seit ihrer Gründung 1975 zu einer Arbeitsunterbrechung. Beim Treffen mit der für Russland wichtigeren NATO gab sich Lawrow am 9.12. gemäßigt: „Geopolitisch betrachtet kann die Ukraine nicht einfach nur westlich oder östlich sein." Am 23.12., kurz vor der entscheidenden Stichwahl in der Ukraine, bezeichnete Präsident Putin die USA auf einer Pressekonferenz zwar als „Verbündete", äußerte jedoch den Verdacht, dass sie Russland isolieren wollten. Beim Urnengang vom 26. Dezember, der grundsätzlich als fair betrachtet wurde, siegte Juschtschenko mit 52% der Stimmen, während Janukowitsch mit 44,2% unterlag.

Der Westen war entschieden der Ansicht, der Kreml habe einen undemokratischen Machtwechsel legitimieren wollen, das ukrainische Volk habe dagegen rebelliert, und der Westen stehe auf der Seite der Menschen des Landes. Russland habe sich eingemischt, nicht der Westen. Zudem gab es glaubhafte Berichte, dass kremlnahe Konzerne Janukowitsch mit erheblichen Summen unterstützten. Die russische Seite dagegen argumentierte, die Proteste nach der Stichwahl seien von langer Hand durch westliche Nichtregierungsorganisationen mit US-Rückendeckung vorbereitet worden und somit inszeniert. Die Ukraine solle auf einen antirussischen Kurs festgelegt werden, so hätten sich sowohl die NATO als auch die EU für die Wahl Juschtschenkos ausgesprochen. Die Kontroverse um die Ukraine beendete die Phase der Beziehungen, in der sich Russland und der Westen grundsätzlich als Partner betrachteten.

Die anhaltende Unruhe in Tschetschenien und der damit verbundene Terror, der im Herbst 2004 einen blutigen Höhepunkt erreichte, führten zu einer weiteren Einschränkung demokratischer Elemente innerhalb Russlands. Der Kreml vertrat die Ansicht, dass die Situation eine Stärkung der zentralen Exekutive verlange, was im Westen, wo man Russland schon zuvor auf einem autoritären Kurs gesehen hatte, weithin bestritten wurde. Dort wurden vielmehr die von der russischen Seite begangenen und nur selten geahndeten Menschenrechtsverletzungen in Tschetschenien zunehmend thematisiert, was wiederum Präsident Putin dazu veranlasste, nicht genannte Mächte anzuklagen, in Bezug auf Tschetschenien „eine Politik zu betreiben, die auf die Schaffung von Elementen abzielt, die die Russische Föderation destabilisieren".

Im Westen verstärkte der sich beschleunigende Wechsel der russischen Energiepolitik die Vorbehalte gegen den Kreml weiter: In den ersten Jahren nach der Jahrtausendwende hatten westliche Ölmultis umfangreiche Vorkommen in Russland sichern können. Chinesischen Konzernen war der Zugang hingegen bezeichnenderweise verwehrt worden (Lo 2008: 49). 2004 tätigten staatlich kontrollierte Betriebe lediglich 13% der Ölförderung. 2005 waren es bereits 35% (Russlandanalysen 2006: 9), nicht zuletzt aufgrund der insbesondere im Westen Aufsehen und Empörung erregenden Zerschlagung des privaten Ölkonzerns „Jukos", die von der Verhaftung seines Eigentümers begleitet war. Der Staat erhöhte außerdem im Jahre 2005 seinen Anteil am Gaskonzern Gazprom auf etwas über 50%. Westliche Energiemultis wie Shell und BP sahen sich in Russland zudem zeitweise unter erheblichem Druck staatlicher Stellen. Der Staatsanteil an der Öl- und Gasförderung blieb dennoch weiterhin unter dem internationalen Durchschnitt. Im weltweiten Mittel betrug er 85% an der Förderung und über 95% der Reserven (Pleines 2008).

Die Ereignisse in der Ukraine hatten dem Kreml nicht nur seine außenpolitische Isolation und die beschränkten Einflussmöglichkeiten im GUS-Raum deutlich gemacht. Es wurden auch Sorgen über die Stabilität der Ordnung im eigenen Land laut. In dieser Situation kam es zu Beginn des Jahres 2005 landesweit zu spontanen Massenprotesten gegen als ungerecht empfundene Sozialgesetze. Der Kreml sah zu seinem Schrecken Parallelen zur Situation in der Ukraine, kündigte eine beträchtliche Erhöhung der Sozialausgaben an (das Versprechen wurde gehalten), und Putin bezeichnete das „Wohlergehen der Bürger" gar als nationale Idee des Landes. Die Aufgaben der Führung lagen offensichtlich eher im Innern als in der Außenpolitik.

Im Westen gab es starke Kräfte, die weiterhin für eine Verständigung mit Russland eintraten und diese auch für möglich hielten. Die Bundesregierung hatte beispielsweise Ende Dezember 2004, während des Höhepunkts der Ukrainekrise, ihre Absicht betont, die strategische Partnerschaft vertiefen zu wollen. Auch die US-Außenministerin bezeichnete Russland im April 2005 als „strategischen Partner", und Putin hob den US-Präsidenten, der aus Anlass des 60. Jahrestags des Kriegsendes im Mai neben zahlreichen anderen Staatsmännern nach Moskau gekommen war, als Gast von „besonderer Bedeutung" hervor. Bush bezeichnete Russland kurz darauf als Freund, mit dem man zur Friedenssicherung zusammenarbeiten müsse. US-Experten begannen gemäß einem zweiseitigen Abkommen russische Geheimbasen der strategischen Raketenstreitkräfte zu besichtigen, um an der Verbesserung von deren Sicherheit mitzuwirken.

Auf dem EU-Russland-Gipfel im Mai 2005 sprach Putin von der „Rückkehr Russlands in sein historisches Vaterland – Europa", und im Herbst regte er eine engere Zusammenarbeit zwischen beiden an. Russlands Interesse an einer Beteiligung an EU-Missionen in Krisengebieten sank jedoch, nachdem klar geworden war, dass es keinen gleichberechtigten Status in Kommandostrukturen erhält. Putin schloss eine spätere Mitgliedschaft in der NATO dennoch nicht aus und sagte, dass er froh wäre, wenn die EU Russland eine Aufnahme anböte, und dass man in diesem Fall darüber nachdenken würde. Zeitgleich betonte Außenminister Lawrow, dass es keinen Unterschied zwischen der Position seines Landes und derjenigen der EU in Bezug auf den Iran gebe: Letzterer habe das Recht, Kernenergie zu friedlichen Zwecken zu nutzen, aber gemäß den Regeln und unter der Kontrolle der Internationalen Atomenergiebehörde. Iranische Atomwaffen lehne Russland ab.

Die russisch-westlichen Konflikte um die Ukraine schienen zeitweise eine Episode zu bleiben, Ereignisse im GUS-Raum behielten aber erhebliches Störpotenzial. Kiew suchte unter dem neuen Präsidenten Juschtschenko demonstrativ einen engen Schulterschluss mit den USA, und schien mit Russland in eine Konkurrenz im postsowjetischen Raum eintreten zu wollen. Dies hatte auch Auswirkungen auf die Republik Moldau, den kleinen GUS-Nachbarn der Ukraine, wo für März 2005 Wahlen anberaumt waren. Die Regierung weigerte sich, russische Beobachter einreisen zu lassen, und erstmals seit dem Ende der UdSSR unternahmen die wichtigsten Parteien bei Wahlen in einem GUS-Land alles, um sich vom Kreml zu distanzieren. Noch 2001 hatte die damals siegreiche Kommunistische Partei angekündigt, Moldau an die Seite Moskaus zu führen und Russisch zur zweiten Staatssprache zu erklären, obgleich beides nicht umgesetzt wurde. Russland übte nach den Wahlen vom März 2005 wirtschaftlichen Druck auf die neue, ebenfalls von den Kommunisten geführte Regierung aus, allerdings nur mit mäßigem Erfolg.

Die jüngsten Ereignisse in Georgien, Abchasien, der Ukraine und Moldau zeigten, dass Russlands Prestige und Einfluss im GUS-Raum weiter erodierten. Der Kreml konzentrierte sich danach noch stärker als zuvor auf die Stärkung des eigenen Staatswesens. Putin bezeichnete die GUS im Frühjahr 2005 als „Diskussionsforum", das die Bedingungen einer „zivilisierten Scheidung" der früheren Sowjetrepubliken geschaffen habe. Sie müsse erhalten bleiben, um die Probleme anzugehen, die „noch bestehen, und gemeinsam gelöst werden müssen" (Lukjanov 2005). Nicht mehr.

Im März 2005 erfolgte ein Machtwechsel im zentralasiatischen Kirgisistan, der sowohl in Russland als auch im Westen Erinnerungen an die Ukraine wachwerden ließ. Kurze Zeit darauf wurde die „Baku-Tiflis-Ceyhan"-Pipeline in Betrieb genommen, die Öl aus Aserbaidschan an Russland vorbei bis an einen türkischen Mittelmeerhafen transportiert. Der Bau einer Leitung zu einem russischen Schwarzmeerhafen, den Moskau vorgeschlagen hatte, hätte nur die Hälfte der Kosten verursacht, aber die USA und Großbritannien wollten aus geopolitischen Überlegungen das Öl an Russland vorbeiführen.

Im Mai 2005 gab es in der usbekischen Stadt Andischan Auseinandersetzungen mit Hunderten von Toten. Usbekistan legte sie Islamisten zur Last. Diese hatten Anteil am Blutvergießen, aber die brutale Reaktion des Staats rief weltweit Empörung hervor. Die USA entschlossen sich nach Zögern zu einer harten Haltung gegenüber der usbekischen Führung, Russland hingegen zeigte Verständnis, drückte in Anbetracht der Opferzahlen zugleich aber seine Besorgnis aus. Der usbekische Präsident ersuchte daraufhin nicht Moskau, sondern Peking, das sich deutlicher als der Kreml auf seine Seite gestellt hatte, um Rückendeckung. Aber nicht nur die Rivalität mit China musste Russland Sorgen bereiten, denn von einer Instabilität in Zentralasien würden gravierende, nach Russland ausstrahlende Gefahren auszugehen können. Es gab zudem Stimmen, die von der offiziellen Tonlage des Kreml erheblich abwichen. Der Vizepräsident der Vereinigung der Muftis von Russland bezeichnete Andischan beispielsweise als „echten Aufstand", zu dem die Menschen durch eine repressive Politik getrieben worden seien.

Putin hatte seine Präsidentschaft u.a. mit dem Anspruch angetreten, die Kooperation im GUS-Raum auf eine realistische Grundlage zu stellen und ihr neue Impulse zu verleihen. Im Jahre 2000 war die „Eurasische Wirtschaftsgemeinschaft" gegründet worden, der Russland, Kasachstan, Kirgisistan, Tadschikistan und Weißrussland angehörten, 2002 hatten sich die genannten Länder und Armenien auf die Schaffung der „Organisation des Vertrags für

Kollektive Sicherheit" (OVKS) verständigt. Beide Organisationen hatten bis zum Sommer 2005 faktisch lediglich auf dem Papier existiert. Es gab gleichwohl eine enge bilaterale Kooperation Russlands mit einigen Staaten, die beispielsweise russische Waffen zu ermäßigten Preisen bezogen. Zudem erhielt ein großer Teil der Offiziere der Streitkräfte der Länder Zentralasiens weiterhin einen Teil ihrer Ausbildung in Russland. Im Sommer 2005 gab es Anzeichen, dass die Eurasische Wirtschaftsgemeinschaft und die OVKS an Bedeutung gewinnen könnten, wofür Russland warb. Es wurde eine Freihandelszone sowie eine Zollallianz ins Auge gefasst, und die Staaten der OVKS vereinbarten eine gemeinsame Luftverteidigung und die Schaffung schneller Eingreiftruppen. Ähnliche Beschlüsse waren von der Organisation und bzw. der ihres Vorgängers jedoch bereits mehrfach vereinbart worden. Die Ereignisse in Kirgisistan und Andischan bewogen zentralasiatische Länder gleichwohl zu einer Annäherung an Russland, das sich nicht zuletzt aufgrund des Machtwechsels in der Ukraine in der Defensive sah und sich verstärkt um die anderen GUS-Länder bemühte. Auch die 2001 gegründete „Shanghai-Organisation für Zusammenarbeit" (SOZ) gewann an Gewicht, was u.a. an der zunehmenden Skepsis gegenüber den USA lag. Der Organisation gehören neben Russland und China die Länder Zentralasiens mit Ausnahme Turkmenistans an.

Mitte 2005 wurden die NATO-Staaten im Abschlusskommuniquée des SOZ-Treffens zum Truppenabzug aus Zentralasien aufgefordert. Usbekistan verlangte kurz darauf von den USA, ihre Basis im Land zu schließen, was noch im Sommer 2005 erfolgte. Russland war nicht die treibende Kraft dieser Entwicklung, große Teile der russischen Eliten registrierten den Einflussverlust der Vereinigten Staaten jedoch mit Genugtuung, die nunmehr vor allem als Konkurrent und nicht als Sicherheitspartner betrachtet wurden, anders als in den zwei bis drei Jahren nach dem 11. September 2001. Experten mit Zugang zu den Entscheidungszentren im Kreml wie Sergei Karaganow, der Leiter des Rats für Außen- und Sicherheitspolitik, warnten allerdings: „Nur Menschen, die nicht bis drei zählen können, sind in der Lage, angesichts des Abzugs der Amerikaner aus Usbekistan Genugtuung zu empfinden. Nun trägt

Russland die volle strategische Verantwortung für dieses Land." Der Kreml scheute sich gleichwohl, der Kooperation mit Usbekistan einen akzentuierten Bündnischarakter zu verleihen, auf den das Land drang, und ließ den seit Andischan vom Westen isolierten Staat nicht so nah an sich heran, wie dieser wünschte. Das zweiseitige Verteidigungsabkommen vom Frühjahr 2006 sah auch in Krisenzeiten lediglich Konsultationen vor. Usbekistan trat jedoch der Eurasischen Wirtschaftsgemeinschaft und der OVKS bei.

Quelle: http://upload.wikimedia.org/wikipedia/de/6/6b/Zentralasien_politisch_2010.jpg

Trotz alledem war eine gewisse Affinität zwischen den politischen Vorstellungen Russlands und der Länder Zentralasiens nicht zu leugnen, denn aus russischer Sicht war Stabilität die Voraussetzung für Entwicklung und letztlich Demokratie (falls diese angestrebt wurde). Der Westen betonte hingegen andersherum die Schaffung demokratischer Verhältnisse als Voraussetzung für eine langfristig stabile Entwicklung. Dies wurde wiederum von den Führungen in der Region grundsätzlich als Gefährdung der politischen Ordnung betrachtet.

Russland versuchte zusehends, westlichen Einfluss in Zentralasien zurückzudrängen oder zumindest einzugrenzen. Die Anrainer des Kaspischen Meeres wurden beispielsweise deutlich vor einer Kooperation mit dem Westen gewarnt. Aus Sicht des Kremls war dies keine Offensive, sondern ein defensiver Akt, der zudem mit Kooperationsangeboten verbunden war. So einigten sich Deutschland und Usbekistan im Dezember 2005 z.B. auf eine Verlängerung der Präsenz von 300 im Süden des Landes stationierten deutschen Soldaten, trotz des Beschlusses der SOZ vom Sommer. Dies wäre ohne russische Unterstützung nicht möglich gewesen.

Anfang Juni 2005 erklärte Außenminister Lawrow, Russland beabsichtige nicht, der Hauptakteur im postsowjetischen Raum zu sein. Es dürfe aber auch kein anderes Land versuchen, das Gebiet zu seinem exklusiven Einflussgebiet zu machen. Hierbei hatte der Kreml insbesondere die USA im Blick, aber auch der chinesische Einfluss wuchs rasant. Der kasachische Präsident hatte 2004 bei einem Besuch in Peking betont, China solle zum wichtigsten Partner seines Landes werden. Im Spätsommer 2005 erwarb die größte Ölgesellschaft Chinas einen bedeutenden kasachischen Produzenten für über vier Mrd. US-Dollar. China investierte hohe Summen in zentralasiatische Infrastrukturprojekte, der Handelsaustausch mit Zentralasien zeigte ungewöhnlich hohe Zuwachsraten und hatte mit dem russischen aufgeschlossen. China hielt auch bereits seit einigen Jahren gemeinsame Manöver mit Truppen aus Ländern der Region ab.

Peking war offensichtlich zu einem Konkurrenten Moskaus herangewachsen. Beide bemühten sich jedoch um kooperative und entspannte Beziehungen. 2004 ratifizierten sie ein Abkommen, das erstmals in der 300jährigen Geschichte der beiden Länder als Nachbarn zu unumstrittenen Grenzen führte. Der Kreml war hierbei zu kleinen, aber symbolisch wichtigen Konzessionen bereit, sodass die Vereinbarung innerhalb Russlands auf Kritik stieß.

Moskau bemühte sich auch um Indien. Dieses hatte seit 1960 überwiegend Waffen aus sowjetischer bzw. russischer Produktion bezogen, wickelte jedoch weniger als 2% seines Handels mit Russland ab. Indien hatte sich zudem in den vorhergehenden Jahren erkennbar den USA zugewandt und diesen nach dem 11. September sogar offiziell die Errichtung einer Militärbasis angeboten. Im Mai 2005 kam der indische Präsident nach Russland, erstmals seit dem Ende der UdSSR. Kurz darauf trafen sich die Außenminister Russlands, Chinas und Indiens. 1998 war ein derartiges Treffen wegen chinesisch-indischer Spannungen und der Sorge Pekings vor Unmutsbekundungen der USA nicht zustande gekommen. Die Beziehungen der beiden asiatischen Mächte hatten sich seither spürbar verbessert, und mit der Ratifizierung des russisch-chinesischen Grenzabkommens waren auch die Kontakte zwischen Moskau und Peking so unbelastet wie nie. Nach Lawrow waren die drei Länder dabei, „ihre multilaterale Interaktion auf ein grundsätzlich neues Niveau" zu heben. Das Treffen blieb jedoch, wenn man von der Forderung nach einer multipolaren Welt absah, ebenso substanzarm wie dasjenige der drei Staatsoberhäupter ein Jahr später. Auch andere Treffen brachten keine Ergebnisse von Belang, was zu erwarten gewesen war.

Russland war darauf bedacht, im Westen den Eindruck einer weiteren außenpolitischen Option zu erwecken, und wollte – ebenso wie China – Indien nicht vollends auf die US-Seite rücken lassen. Russland hatte jedoch ein zu geringes Gewicht, um als bevorzugter Partner Indiens gelten zu können, und die indisch-chinesischen Beziehungen blieben aufgrund ungeklärter Grenzfragen weiter getrübt. Sämtliche Beteiligten wollten lediglich entspannte Kontakte miteinander pflegen und ihr Prestige erhöhen, vom Aufbau eines Bündnisses konnte keine Rede sein. Indien strebte zudem nach einer Anerkennung seines Status als Atommacht durch Russland und China. Die USA hatten dies bereits getan und waren dafür von Russland kritisiert worden war. Als Neu-Delhi sein Ziel erreicht hatte, flaute sein Interesse an der Dreierkonstellation ab.

Der Kreml hielt Peking letztlich weiterhin auf Distanz. Mitte 2004 wurde der Plan aufgegeben, eine Ölpipeline direkt nach China zu bauen. Stattdessen wählte man einen Hafen im Fernen Osten Russlands als Zielpunkt, um den Rohstoff auch nach Japan, Korea und Nordamerika verschiffen zu können, obgleich diese Route deutlich kostspieliger war als die ursprünglich geplante. Moskau ignorierte im selben Jahr einen Vorschlag Pekings, alle Einschränkungen bei der Rüstungskooperation aufzuheben. An Indien wurden Waffen modernsten Typs geliefert, an China weiterhin nicht. Daraufhin legte Peking selbst die bereits vereinbarten Verträge auf Eis. Erst nach Gesprächen auf Spitzenebene im Sommer 2005 konnten sie teilweise erfüllt werden. 2006 gingen nur noch 40% der russischen Rüstungsausfuhren nach China, während es Ende der 90er Jahre noch zwei Drittel gewesen waren. 2007 sanken sie im Vergleich zum Vorjahr um weitere 62%. Der Rückgang hatte teils politische Gründe, so wurde der Besuch des russischen Verteidigungsministers Serdjukow nach Peking mehrmals verschoben. Aber es war bereits absehbar, dass der Bedarf Chinas an Einfuhren in dem Maße sank, in dem es selbst moderne Waffen entwickelte. Diese bauten mitunter auf russischen Vorbildern auf, aber China reagierte nicht auf die Proteste Moskaus (Donaldson 2009: 273, 283).

Das Gewicht zwischen Moskau und Peking hatte sich fundamental verschoben. Mitte der 80er Jahre war die Wirtschaft der Sowjetunion doppelt so groß wie diejenige Chinas, 20 Jahre später war die chinesische Wirtschaft hingegen etwa viermal so stark wie die russische. Beide Seiten visierten jedoch, trotz aller Interessenunterschiede, in zentralen Politikfeldern identische Ziele an: Sie wollten sich in welt- und innenpolitischen Fragen nicht an Vorgaben des Westens orientieren, sondern die Richtlinien ihrer Politik selbst bestimmen und ihre Wirtschaftsbeziehungen weiter entwickeln. Dies schlug sich während Putins Besuch in Peking Mitte 2005 in der gemeinsamen Forderung nach einer Reform des IWF und einer Vereinbarung zum Ausbau der Kooperation bei der Kernenergie nieder. Truppen beider Seiten führten zudem erstmals seit fast 50 Jahren wieder eine gemeinsame Übung durch, und der russische Präsident erklärte im September, dass die Ölpipeline nach China doch gebaut werden solle, erst danach solle ein Strang an einen russischen Fernosthafen gelegt werden. China bezog zu dieser Zeit weniger als 10% seiner Erdölimporte aus Russland. Der Anteil war in den vorhergehenden Jahren gestiegen, China wünschte aber wegen des wachsenden Bedarfs und aus strategischen Gründen bedeutend umfangreichere Lieferungen. Gazprom kündigte ebenfalls im September 2005 an, eine Gaspipeline mit einer Kapazität von 30 Mrd. Kubikmeter p.a. nach China bauen zu wollen.

Anfang 2006 erklärte der russische Präsident, dass die Ölleitung zunächst nicht nach China verlegt werden solle, dafür sicherte Moskau eine Steigerung der Gaslieferungen auf 60 bis 80 Mrd. Kubikmeter zu, die durch zwei neue Pipelines transportiert werden sollten. Gazprom verschob die Realisierung dieser Projekte jedoch kurz darauf. – Russland taktierte, um von China vorteilhaftere Konditionen zu erzielen. Dieses war nicht bereit, Gaspreise auf europäischem Niveau zu entrichten. Zudem gab es einflussreiche widerstreitende Lager innerhalb Russlands über den Streckenverlauf der Ölpipeline, da Putin nicht in der Lage oder willens war, eine klare Linie durchzusetzen.

### 4.3 2006 bis Anfang 2008: Auf dem Weg zu einem Kalten Frieden?

Die Beziehungen zwischen Russland und dem Westen blieben auch 2006 von Signalen teils freundlicher, teils unfreundlicher Natur gekennzeichnet, wobei letztere an Schärfe gewannen. Dies lag nicht zuletzt an Anklagen, dass der russische Geheimdienst für den grausamen und undurchsichtigen Tod von Alexander Litwinenko, einem seiner ehemaligen Mitarbeiter, der danach auf der Gehaltsliste des britischen Nachrichtendienstes stand, in London verantwortlich sein soll. Dies führte seit dem Herbst 2005 zu monatelangen, emotional stark aufgeladenen Attacken, in die vor allem die britische und russische Presse, aber auch offizielle Vertreter beider Seiten involviert waren. Russland eskalierte zu Beginn des Jahres 2006 den Konflikt, indem es Menschenrechtsorganisationen, deren Arbeit weiter erschwert wurde, in Verbindung mit angeblichen geheimdienstlichen Aktivitäten britischer Diplomaten brachte. Dies werteten große Teile der Öffentlichkeit und eine wachsende Zahl politisch Verantwortlicher in westlichen Ländern als weiteren Beleg für einen zumindest fragwürdigen Charakter russischer Politik. Der

Ende 2005 ausgebrochene russisch-ukrainische Konflikt um die Gaspreise verstärkte diese Tendenz:

Russland hatte bereits in den 90er Jahren den Versuch unternommen, auch von GUS-Ländern Entgelte für Energielieferungen zu fordern, die sich am mitteleuropäischen Niveau orientierten, konnte sich aber nicht durchsetzen. Die Preisnachlässe waren nicht unerheblich, beschränkten sich in den 1990er Jahren wegen der vergleichsweise niedrigen Weltmarktpreise jedoch insgesamt auf einen kleineren einstelligen US-Dollar-Milliarden-Betrag jährlich. Dies änderte sich ab 2002/03 mit den stark anziehenden Preisen schlagartig. Im Jahre 2004 dürften die Preisnachlässe schätzungsweise 10 Mrd. Euro ausgemacht haben. Nutznießer waren insbesondere die Ukraine, Weißrussland, zudem Moldau und Georgien, aber auch die baltischen Staaten. Der Kreml war aber nicht bereit, erhebliche Opfer für den Erhalt einer vermeintlichen Einflusszone zu erbringen.

Seit dem Frühjahr 2005 mehrten sich die Signale für einen neuen Anlauf Russlands, die Preise für Abnehmer aus dem postsowjetischen Raum auf ein international übliches Niveau anzuheben. Dies war Anlass für Kontroversen mit der Ukraine, die durch die dortige zunehmende innenpolitische Labilität verkompliziert wurden. Sie führten im Januar 2006 zu einer Lieferunterbrechung für die Ukraine, für die im Westen verbreitet Russland verantwortlich gemacht wurde: Die Kontroverse sei nicht wirtschaftlicher Art, vielmehr versuche der Kreml, Kiew durch Druck wieder an die eigene Seite zu zwingen. Diese und ähnliche Vorwürfe wurden auch von höchster Stelle erhoben, beispielsweise von José Manuel Barroso, dem Vorsitzenden der EU-Kommission, oder US-Vizepräsident Dick Cheney.

Die Deutung dieser Politiker war nicht zutreffend, aber Russland trug einiges dazu bei, sie plausibel erscheinen zu lassen. Es ist jedoch unbestritten, dass die aus Moskauer Sicht unerfreulichen Entwicklungen im Baltikum, in Georgien und der Ukraine in den Jahren zuvor zur russischen Entschlossenheit beigetragen hatten, die Preise auf ein international übliches Niveau anzuheben (zu Details s. Wipperfürth 2007: 131ff.). Sie blieben trotz spürbarer Erhöhungen für die genannten Staaten deutlich niedriger als für die

Abnehmer in Mitteleuropa, da erstere als Transitländer in einer starken Verhandlungsposition gegenüber Russland waren.

Von Februar 2006 an verschafften sich besonnene Stimmen wieder stärker Gehör. Bundesfinanzminister Peer Steinbrück forderte öffentlich, Russland nicht nur auf Gipfel-, sondern auch auf der weniger prestigeträchtigen, aber ebenso wichtigen Arbeitsebene der Finanzminister als Vollmitglied der G8 aufzunehmen. Gazprom und die deutsche BASF unterzeichneten im Frühjahr ein Abkommen zur gemeinsamen Förderung von 25 Mrd. m$^3$ Erdgas jährlich. Damit räumte Russland erstmals einem ausländischen Unternehmen Zugang zu einem Vorkommen dieser Größe ein. Präsident Putin wies die russischen Behörden im Frühjahr 2006 an, nicht etwa äußere Faktoren wie die NATO oder die westliche Unterstützung für Nichtregierungsorganisationen, sondern innere Schwachstellen wie die Bevölkerungsentwicklung oder die infrastrukturellen Mängel als zentrale Gefahren für die Sicherheit des Landes einzustufen.

Der Generalsekretär des Europarats Terry Davis stellte Mitte 2006 fest, dass Russland anhaltende Fortschritte zeige und die feste Absicht bekunde, die höchsten Menschenrechtsstandards einzuhalten. Russland war seit dem Jahre 2006 zudem willens und zunehmend in der Lage, seine Kooperation mit den USA in Bezug auf die Verhinderung nuklearer Proliferation wesentlich zu verstärken. Im Frühjahr sagte Sergei Iwanow, der nicht nur Erster Stellvertretender Ministerpräsident war, sondern neben Dmitri Medwedew auch als möglicher Nachfolger Präsident Putins galt, eine NATO-Mitgliedschaft seines Landes sei denkbar. Im Juni erklärte Putin im russischen Fernsehen, dass sich die Beziehungen mit den USA erfolgreich entwickeln würden. Kurze Zeit zuvor hatte er die USA noch öffentlich mit einem „hungrigen Wolf" verglichen.

Das G8-Treffen in St. Petersburg Mitte 2006 war der Höhepunkt des internationalen Ansehens Putins. Er war nicht nur im elitären Kreis der führenden Industrieländer alles andere als isoliert, sondern empfing auch den Ministerpräsidenten Indiens und den Präsidenten Chinas. Russland schien nicht nur geschätzter Partner sowohl des Westens, sondern auch der aufstrebenden Mächte des Südens zu sein. Dennoch wurde es aufgrund der Vorbehalte der USA nicht in den Kreis der Finanz-G7 aufgenommen, wofür Deutschland seit langem eintrat.

Nach dem Wechsel der Kanzlerschaft von Gerhard Schröder zu Angela Merkel im Herbst 2005 hatte Moskau aus Berlin zunächst distanziertere Signale empfangen als zuvor. Dies blieb ein vorübergehendes Phänomen, und im September 2006 stellte Bundesaußenminister Frank-Walter Steinmeier sein Konzept „Wandel durch Verflechtung" auf dem EU-Gipfel vor, das der Zusammenarbeit mit Russland einen neuen Impuls verleihen sollte. Deutschland betonte seine traditionelle Haltung, Russland einbinden und nicht ausgrenzen zu wollen. Die Bundeskanzlerin schlug jedoch, ebenso wie der französische Staatspräsident, bei einem Treffen mit Putin dessen Angebot aus, die Luftfahrtindustrien der drei Länder miteinander zu verschränken und in Energiefragen stärker zu kooperieren, was für deutsche und französische Unternehmen lukrativ gewesen wäre (Donaldson 2009: 258). Die russischen Beziehungen mit den führenden Ländern Europas und mit der EU als Ganzes, die einer Mitgliedschaft Russlands in der Welthandelsorganisation WTO zustimmte, waren im Herbst 2006 trotzdem weit entspannter als ein Jahr zuvor.

Das russisch-amerikanische Verhältnis blieb hingegen immer wieder von Friktionen gekennzeichnet. Auch Washington gab grünes Licht für den WTO-Beitritt, der US-Senat weigerte sich jedoch anhaltend, das sogenannte „Jackson-Vanik-Amendment" von 1974 aufzuheben, das die Handelsnormalisierung mit Moskau an eine ungehinderte jüdische Auswanderung band. Nachdem erstere seit Beginn der 90er Jahre möglich war, wurden Demokratiemängel für die Nichtaufhebung des Amendments genannt. Die Bedeutung des Amendments war lediglich symbolischer Natur, was den Zorn Russlands allerdings nicht minderte, nicht zuletzt deshalb weil in Bezug auf China sämtliche vergleichbaren Beschränkungen der USA aufgehoben worden waren.

Außenminister Lawrow betonte im September die Bereitschaft seines Landes, westliche Interessen im GUS-Raum in Bezug auf die Drogenbekämpfung, den Kampf gegen den Terror und Energiezugang zu respektieren. Sicherheitsinteressen stünden, so Lawrow, jedoch eindeutig außerhalb der legitimen Interessen des

Westens. Die NATO beispielsweise teilte diese Ansicht nicht. Der Kreml war gleichwohl im Herbst zu russisch-amerikanischen Manövern in Russland bereit, musste diese dann aber wegen des deutlichen öffentlichen Widerstands absagen.

Im Jahre 2006 machte die mit Kasachstan und Weißrussland geplante Zollunion durchaus einige Fortschritte, und auch die OVKS gewann an Stärke. Aber selbst die schwächsten GUS-Staaten wurden aus Sicht des Kremls immer eigenwilliger. So forderte Tadschikistan Mitte 2006 die verbliebenen russischen Einheiten brüsk auf, vom Zentrum der Hauptstadt in einen Außenbezirk umzuziehen. Da Tadschikistan auch von China und dem Westen umworben wurde, konnte es in dieser Weise mit Russland umgehen.

Der Kreml wurde auch von Georgien vorgeführt: Im Oktober verhafteten georgische Sicherheitskräfte vor laufenden Fernsehkameras russische Offiziere, die in Georgien stationiert waren. Sie sollten spioniert sowie Oppositionelle ermutigt und in ihrem Vorhaben unterstützt haben, die Regierung zu stürzen. Zudem wurden die Offiziere eines blutigen Terroranschlags auf georgische Polizisten bezichtigt. Es entbrannte eine heftige Kontroverse zwischen offiziellen Stellen und den Medien beider Länder, und auch im Westen wurde breit berichtet. Es kam zu vereinzelten, offiziell legitimierten Kampagnen gegen in Russland lebende Georgier, die an finstere, lang zurückliegende Zeiten erinnerten, was die Tendenz der westlichen Presse, sich auf die Seite der georgischen Führung zu schlagen, noch verstärkte. Nach etwa einer Woche wurden die Verhafteten freigelassen, was die Kontroverse zum Abflauen brachte. Georgien konnte auch später, trotz wiederholter Ankündigungen, keine stichhaltigen Belege für die Anschuldigungen vorlegen.

Auch in den nach 2000 veröffentlichten außenpolitischen Konzepten wurde die Zusammenarbeit im GUS-Raum als erste Priorität bezeichnet. Die Bevölkerung fand sich jedoch zunehmend mit dem Auseinanderfallen der UdSSR ab, sodass für die Führung weniger Anlass bestand, den Eindruck zu erwecken, eine Reintegration tatsächlich anzustreben. Russland übte zwar durchaus auch Druck auf GUS-Länder aus, um Prestige und Interessen zu wahren, wie sich beispielsweise 2003 in Bezug auf Moldau und Transnistrien zeigte. Hierbei überging der Kreml legitime westliche Interessen, und scheiterte auch aus diesem Grund. Es gab zudem Indizien, dass er einen Handel mit dem Westen wünschte: Russische Zugeständnisse gegen die Anerkennung des Vorrangs im GUS-Raum. Daraus kann man jedoch kaum auf imperiale Ambitionen schließen. Zum einen fürchtete Russland nicht nur in Europa, sondern selbst im GUS-Raum in eine Isolation zu geraten. Zum anderen, und insbesondere, sollten die nicht ernst gemeinten Andeutungen unzufriedene Nationalisten beruhigen. Wenn es darauf ankam, zeigte sich der Kreml aber nicht bedacht, imperial gestimmte Worte mit Leben zu füllen, wie sich z.B. 2005/06 in Bezug auf Usbekistan zeigte, da dies gewöhnlich mit Lasten verbunden ist, die er nur in einem begrenzten Umfang bereit war zu schultern. Die Entwicklung des eigenen Landes stand im Vordergrund.

Russland bemühte sich auch nach der Jahrhundertwende gleichwohl nicht nur aus innenpolitischen Gründen um eine Konsolidierung bzw. Stärkung seiner Stellung im GUS-Raum. Er leistete aber keinen Widerstand, wenn z.B. Kasachstan oder Armenien, ansonsten enge Partner, verstärkt mit der EU oder NATO kooperierten. Russland achtete weniger eifersüchtig auf seine Stellung in der Region als Frankreich in der Francophonie, reagierte jedoch mitunter empfindlich bzw. mit großer Härte, wenn es sein Prestige beschädigt glaubte, was insbesondere auf die Ukraine und Georgien zutraf. Der Ablösungsprozess der Länder des postsowjetischen Raums war noch im Gange.

Seit 2003/05 waren es die Anbieter und nicht mehr die Nachfrager, die den weltweiten Energiemarkt bestimmten, und die Konkurrenz um den Zugang zu Energieressourcen gewann an Schärfe. In Zentralasien, vor allem in Turkmenistan, befinden sich umfangreiche Gasvorkommen und erhebliche Produktionssteigerungen waren geplant. Turkmenisches Gas konnte nur durch Leitungen, die über russisches Territorium führen, auf den Weltmarkt gelangen. Russland nutzte diese Monopolstellung, zahlte einen im internationalen Vergleich sehr niedrigen Preis und strich Milliardengewinne ein.

2003 und 2005 schloss Gazprom Verträge mit zentralasiatischen Unternehmen ab, die diese Situation zu zementieren schienen. Turkmenistan verwies auf die Vereinbarung mit Russland, um seine Verhandlungsposition gegenüber China zu stärken, und im Frühjahr 2006 schloss dieses mit Turkmenistan ein Abkommen über die jährliche Lieferung von 30 Mrd. Kubikmeter Gas ab, das durch eine neue Pipeline nach China gelangen sollte. Die Tage des russischen Exportmonopols für turkmenisches Gas waren gezählt. Dies war eine deutliche Botschaft an Gazprom, bei künftigen Verhandlungen nachgiebiger zu sein. Der Konzern erklärte sich im Herbst 2006 schließlich zu einer erheblichen Erhöhung der Preise bereit, wenngleich auch zu diesem Zeitpunkt noch kein international vergleichbares Niveau erreicht war. Der turkmenische Präsident verkündete im Gegenzug, dass sein Land den Bau einer Gasleitung auf dem Grund des Kaspischen Meeres nach Aserbaidschan, auf den Kräfte im Westen drangen, nicht mehr in Erwägung ziehe. Dennoch blieb China ein ernsthafterer Konkurrent Russlands um die Ressourcen Zentralasiens als der Westen.

Im Februar 2007 hielt Präsident Putin eine Rede auf der Konferenz für Sicherheitspolitik in München, die großes Aufsehen erregte. Er bekundete mehrfach die Bereitschaft seines Landes zur Kooperation, warf den USA aber zugleich vor, „fast unbeschränkt und übermäßig" Gewalt anzuwenden und ihre „Grenzen in jeder Hinsicht überschritten" zu haben. Solch scharfe Worte waren von russischer Seite seit langem nicht mehr gefallen. Die Regierungen in Berlin und Washington versuchten die Wogen zu glätten, und betonten, aus Putins Rede insbesondere den Willen zur Zusammenarbeit herausgelesen zu haben. Das US-Außenministerium erklärte, mit Russland in sämtlichen Fragen der Terrorbekämpfung gut zusammenzuarbeiten, und auch die intensive Kooperation zur Verhinderung der Proliferation wurde nicht beeinträchtigt. Darüber hinaus ratifiziert die Duma im Frühjahr ein Abkommen, dass die Präsenz von NATO-Soldaten auf russischem Boden bei Übungen gestattete. Außenminister Lawrow erklärte gar im Juni, dass sich die Kerninteressen der USA und Russlands derzeit, wie schon immer in der Geschichte, in Übereinstimmung befänden.

Russland bekundete einerseits seine Bereitschaft und Fähigkeit, mit dem Westen und insbesondere den USA zusammenzuarbeiten. Es demonstrierte andererseits seine Entschlossenheit zum

Widerstand, wenn es auch in Zukunft aus Sicht des Kreml an Bereitschaft mangeln sollte, russische Interessen zu berücksichtigen. Diese Signale hatte Moskau auch in den vorhergehenden Jahren ausgesendet, aber, aus russischer Sicht, ohne wirklichen Erfolg. Die Münchner Rede ließ sich folglich nicht allein mit einem realpolitischen Kalkül erklären. Die Emotionalität der Rede deutete darauf hin, dass Putin und mit ihm die Führung hinsichtlich des Westens erzürnt und enttäuscht war. Das Wirtschaftswachstum und die vollen Kassen wiederum hatten das Selbstvertrauen der russischen Seite so sehr gesteigert, ebenso wie die Probleme des Westens in Afghanistan und dem Irak, dass Putin verbreiteten Gefühlen nunmehr ungewohnt deutlich Ausdruck verlieh. Überdies befanden sich Befürworter kooperativer Beziehungen mit dem Westen innerhalb Russlands zunehmend unter Rechtfertigungszwang. Und da Wahlen nahten, war es auch aus innenpolitischen Gründen opportun Härte zu zeigen.

Wachstum des realen BIP im Vergleich zum Vorjahr
(Bank of Finland 2011 (1):

| 2001 | 2002 | 2003 | 2004 | 2005 | 2006 | 2007 |
|---|---|---|---|---|---|---|
| 5,1% | 4,7% | 7,3% | 7,2% | 6,4% | 8,2% | 8,5% |

Die russische Seite war nicht zuletzt darüber erzürnt, dass die USA keine Anstalten machten, vertragliche Verpflichtungen zu Fragen der strategischen Sicherheit einzugehen. Washington kündigte darüber hinaus wegen einer vom Iran ausgehenden Gefahr die Stationierung von Elementen eines strategischen Raketenabwehrsystems in Polen und der Tschechischen Republik an. Zahlreiche europäische NATO-Staaten hatten hiergegen opponiert, weil diese Maßnahme weder dringlich noch adäquat sei, sodass die USA im März 2007 erklärten, die Stationierung des Systems nicht im NATO-Rahmen entscheiden zu lassen.

Putin schlug US-Präsident Bush im Juni 2007 beim G8-Treffen in Deutschland die Schaffung eines Schirms vor, der den NATO-Raum und Russland gemeinsam schützen sollte. Hierzu könne die russische Radaranlage in Aserbaidschan, einem Nachbarn des Iran, genutzt werden. Im Juli bot der russische Präsident bei einem Besuch bei Bush darüberhinaus eine Modernisierung der Anlage in Aserbaidschan und bei Bedarf die Errichtung einer weiteren auf russischem Gebiet an. Dieses Anti-Raketensystem solle dem NATO-Russland-Rat unterstellt werden. Putin sagte, eine Umsetzung der Angebote würde die Kooperation Russlands und der USA auf den Status einer strategischen Partnerschaft heben. Bush nannte die Vorschläge „sehr konstruktiv und kühn", wollte die Vorhaben in Ostmitteleuropa aber nicht zur Diskussion stellen.

Die zehn geplanten US-Abfangraketen in Polen konnten keine Sicherheitsgefahr für Russland sein, aber Moskau argwöhnte, ihre Zahl könnte in Zukunft beträchtlich wachsen. Der Kreml wollte insbesondere in Sicherheitsfragen, die den gesamten Kontinent betrafen, konsultiert oder eingeladen werden. Stattdessen konnte das geplante System den Eindruck erwecken, auch gegen Russland gerichtet zu sein. Der amerikanische Präsidentschaftskandidat John McCain (Republikaner) oder die polnische Regierung verstärkten diesen Eindruck. Moskau erwartete nicht, dass die USA umstandslos auf die Vorschläge eingehen würden, hoffte aber auf sehr ernsthafte Gespräche. Danach sah es zwischen Sommer 2007 und Frühjahr 2008 aus. Sie wurden von russisch-amerikanischen Manövern flankiert, die der Kreml aber der Öffentlichkeit vorenthielt, um keinen Widerstand im Innern zu provozieren, und Generalstabschef Juri Balujewski schloss ein ehrgeiziges Kooperationsprogramm mit seinen US-Partnern ab.

Russlands Bereitschaft, Druck auf den Iran auszuüben, stieg und Präsident Putin betonte im Herbst öffentlich, dass iranische Kernwaffen eine strategische Bedrohung für Russland darstellen würden. Der Kreml war in Bezug auf Sanktionen jedoch zurückhaltend, obschon aus Moskauer Sicht Teherans Verhalten in der Atomfrage unbefriedigend war: Es gebe zahlreiche Indizien, die auf mögliche militärische Absichten des Iran hindeuten würden (Smith 2007). Andererseits bewegte Russland die Sorge, dass ein iranisch-westlicher Ausgleich, der im Herbst 2007 wahrscheinlicher war als seit Jahren, die eigene Stellung im Mittleren Osten schwächen könnte. Die USA hatten erklärt, der Iran habe sein Programm zur Herstellung von Nuklearwaffen 2003 aufgegeben. Dementsprechend schickte Russland Ende 2007, nach dem Besuch Putins in

Teheran, Brennelemente für den in Bau befindlichen russischen Atomreaktor in den Iran. Es gab zudem Hinweise für Waffenlieferungen an den Iran, die für die USA und Israel das Risiko eines militärischen Eingreifens erhöhte, das in Washington und Tel Aviv weiterhin als mögliche Option galt.

Anzeichen einer Annäherung zwischen Russland und dem Westen wurden durch die Kontroverse um den KSE-Vertrag relativiert, die wichtigste Vereinbarung zur Rüstungskontrolle im konventionellen Bereich. Der Vertrag war 1990 geschlossen worden, um durch vertrauensbildende Maßnahmen einen Überraschungsangriff eines der Blöcke auszuschließen. In seinem Rahmen wurden über 5000 wechselseitige Inspektionen durchgeführt. 1999 wurde ein angepasster Vertrag vereinbart, den jedoch lediglich Russland und einige andere GUS-Länder ratifizierten, nicht jedoch NATO-Staaten. Diese argumentierten, der Kreml habe 1999 zugesichert, die Stützpunkte in Georgien zu schließen und sich aus Transnistrien zurückzuziehen. Russland hatte 2007 zwar seine beiden letzten Basen in Georgien geschlossen, hielt jedoch weiterhin 1500 Mann in Transnistrien. Russland hielt die Zusicherungen nicht für einen Teil des Vertrags von 1999.

Präsident Putin drohte im Frühjahr 2007 die Suspendierung der KSE-Teilnahme an, woraufhin einige westliche Staaten ankündigten, den Ratifizierungsprozess zu beginnen, wenn Russland beginne, die Truppen aus Transnistrien abzuziehen. Beide Seiten beharrten auf ihren Standpunkten, sodass die Duma im November 2007 einmütig für eine Suspendierung votierte. Der Vertrag von 1990 blieb zwar in Kraft, nicht jedoch das Übereinkommen über seine Anpassung von 1999.

Daneben führte ein möglicher NATO-Beitritt Georgiens und der Ukraine zu wiederholtem lautstarken Streit, nicht nur zwischen dem Westen und Russland, sondern vielmehr auch innerhalb der Verteidigungsorganisation: Die USA und einige weitere Länder forderten eine Aufnahme, die jedoch von Deutschland, Frankreich und anderen nachdrücklich abgelehnt wurde. Während die Befürworter argumentierten, ein Beitritt werde die europäische Sicherheit stärken, wurde dies von den Gegnern bestritten, die überdies eine ihres Erachtens unnötige Belastung der Beziehung mit Moskau vermeiden wollten. Vor der Aufnahme der mitteleuropäischen Länder in die NATO 1999 bzw. 2004 war argumentiert worden, sie werde bei ihnen zu einem Gefühl größerer Sicherheit führen und zu entspannteren Beziehungen mit Russland beitragen. Diese Erwartungen hatten sich nach den Erweiterungsrunden jedoch nicht erfüllt, was die Entschlossenheit Moskaus, einer weiteren Vergrößerung der NATO Widerstand zu leisten, wesentlich verstärkte.

Die Entwicklung im GUS-Raum verlief in gewohnten Bahnen. Mit Weißrussland wuchsen die Spannungen, die sich mitunter krisenhaft zuspitzten. Vom vereinbarten Aufbau eines gemeinsamen Unionsstaates konnte faktisch keine Rede sein, Weißrussland ging vielmehr 2008 dazu über, seine Währung nicht mehr an den Rubel, sondern den US-Dollar zu binden. Russland bemühte sich weiterhin, das Verteidigungsbündnis OVKS zu stärken, und konnte hierbei im Herbst 2007 einen gewissen Erfolg verbuchen. Aber die NATO wollte nicht auf die russische Forderung eingehen, die OVKS als Partner zu akzeptieren und zeigte auch kein Interesse, mit ihr im Kampf gegen den Drogenschmuggel zusammenzuarbeiten. Es war offenkundig, dass die OVKS gegenüber der SOZ, in der China eine führende Rolle spielte, zunehmend an Bedeutung verlor.

Russland war in Zentralasien in der Defensive und deshalb zu weiteren Zugeständnissen genötigt, was an der Entwicklung der Gaspreise besonders offenkundig wurde. Trotz der Erhöhungen der vorhergehenden Jahre brachten die Entgelte, die Gazprom zentralasiatischen Exporteuren zahlte, der russischen Seite hohe Gewinne. Von den Abnehmern in Mitteleuropa wurden mehr als dreimal so hohe Preise gefordert. Die von Gazprom an die Exporteure gezahlten Preise pro 1000 Kubikmeter betrugen 2008:

| Land | Preis in US-Dollar |
| --- | --- |
| Turkmenistan | 140 |
| Usbekistan | 145 |
| Kasachstan | 180 |

Es war jedoch absehbar, dass in naher Zukunft erhebliche Mengen über die neue Pipeline nach China exportiert werden würden, und Turkmenistan begann wieder damit zu liebäugeln, sich der von der

EU präferierten Nabucco-Pipeline anzuschließen. In den 90er Jahren hatte sich Gazprom bei divergierenden Preisvorstellungen einfach geweigert, Gas aus Zentralasien zu beziehen. Im März 2008 beugte sich der Konzern der Forderung der zentralasiatischen Exportländer, ab 2009 Gasentgelte auf europäischem Niveau zu entrichten. Letztlich nötigte China Russland zum Verzicht auf Milliardeneinnahmen. Der Kreml hatte keine Versuch unternommen, den chinesischen Erwerb von Energiefeldern und -unternehmen in Zentralasien zu unterbinden oder den Bau von Pipelines. Ihm war bewusst, dass dies die Beziehungen zu China und den Staaten Zentralasiens belastet hätte (Lo 2008: 99f.). Zudem wäre der Widerstand Russlands überwunden worden. Die 150jährige Herrschaft bzw. Dominanz Russlands in Zentralasien war zu Ende gegangen.

Innenpolitische Faktoren trugen 2007 wesentlich zu einer harten Haltung des Kremls gegenüber dem Westen bei. Es ging nicht nur um die Wahl zur Duma im Dezember, sondern insbesondere um die Nachfolge des Präsidenten, dessen Wiederwahl die Verfassung ausschloss. Russland nahm seine Flüge strategischer Bomber nach 15jähriger Unterbrechung wieder auf, und Putin machte mit harschen antiwestlichen Parolen Wahlkampf, die zahlreiche westliche Beobachter für sein eigentliches politisches Credo hielten. Andererseits unterstütze er die Präsidentschaftskandidatur Dmitri Medwedews, der innerhalb des engsten Führungszirkels seit Jahren als wichtigster Vertreter eines kooperativen Kurses angesehen wurde.

Nach der Dumawahl vom Dezember 2007 betonte der Kreml wieder seinen Willen zur Zusammenarbeit. Außenminister Lawrow stellte heraus, dass der Begriff „Einflusssphären" überholt sei, und sein Land die Energieinteressen anderer Staaten im GUS-Raum respektiere. Dennoch wurde Russland im Februar 2008 erstmals auf der jährlichen Anhörung des US-Senats als Bedrohung für die Sicherheit der USA bezeichnet, da es seine nunmehr erheblichen Währungsreserven für politische Zwecke einsetzen könne. Die Bundeskanzlerin bekräftigte kurz darauf hingegen, die Zusammenarbeit mit Russland deutlich ausbauen und ihr eine neue Qualität verleihen zu wollen.

Währungsreserven Russlands in Milliarden US-Dollar
(Russlandanalysen 2008: 9)

| 2005 | 2006 | 2007 |
|------|------|------|
| 168  | 303  | 476  |

Die Sicherheitsdoktrin vom Frühjahr lokalisierte die Gefahren noch stärker als die Vorgängerversion von 1997 in inneren Schwächen des Landes, etwa denen des Gesundheitswesens. Zugleich wurde betont, bis zum Jahre 2020 zur ökonomischen, sozialen und politischen Weltspitze aufschließen zu wollen. China wurde nicht erwähnt, während die USA und die NATO, z.B. in Bezug auf Raketenabwehrpläne, implizit als potenzielle Sicherheitsrisiken bezeichnet wurden. Andererseits wurde die Herstellung einer strategischen Partnerschaft mit den USA ausdrücklich als Ziel betont. Als Prioritäten galten Abrüstung, Rüstungskontrolle und vertrauensbildende Maßnahmen.

Im März unterbreiteten die USA Russland schriftliche Vorschläge bezüglich des Raketenabwehrsystems, die Lawrow als „durchaus ernsthaft und interessant" bezeichnete. Die 2007/08 geführten Gespräche mündeten aber letztlich in keine Einigung. Womöglich, weil Russland eine gemeinsame Kontrolle des gesamten System wollte, was für die NATO-Staaten grundsätzlich nicht in Frage kam, aber es sind auch Zweifel angebracht, ob die USA unter Präsident Bush überhaupt an einem Abkommen interessiert waren, vielleicht wollte er nur diesen Eindruck erwecken, um die zahlreichen in- und ausländischen Kritiker seiner Außenpolitik zu besänftigen.

Dessen ungeachtet schienen sowohl Russland als auch der Westen entschlossen, das zweiseitige Verhältnis zu diesem späten Zeitpunkt der Präsidentschaft Putins nicht mit einem Missklang enden zu lassen. Er wurde zum NATO-Gipfel im April 2008 in Rumänien eingeladen und nahm diese Einladung an, was als versöhnliche Geste beider Seiten verstanden wurde. Nach der Konferenz erschienen jedoch nicht verifizierbare Berichte, dass Putin die Forderung nach der Übergabe der Krim an Russland angekündigt haben soll, falls die Ukraine der NATO beitrete, was die russische Seite wütend bestritt.

# 5 Außenpolitik unter Präsident Dmitri Medwedew (2008-2011)

Mit Medwedew setzte keine neue Epoche russischer Außenpolitik ein, obwohl es vielen westlichen und auch einigen russischen Beobachtern so schien. Es herrschte vielmehr eine weitgehende Kontinuität zur Politik unter Putin. Sein Abgang als Präsident ermutigte aber sowohl Russland als auch den Westen zu einem Neuanfang der verfahrenen zweiseitigen Beziehungen. Der Wechsel der US-Präsidentschaft von George W. Bush zu Barack Obama übte eine ähnlich große Wirkung aus.

## 5.1 Frühjahr 2008 bis Anfang 2009: Tauwetter und zeitweilige Eiszeit

Der Präsidentschaftskandidat Dmitri Medwedew stellte seinen Wahlkampf unter das Motto „Freiheit ist besser als Nicht-Freiheit" und propagierte als Ziel seiner Politik, Russland solle seinen Bürgern weltweit die besten Lebensbedingungen bieten. Hinsichtlich der Außenpolitik erklärte er, der Westen sei beunruhigt, weil „ihm unklar ist, in welche Richtung sich Russland entwickelt und was es langfristig anstrebt". Eine derartige Interpretation im Westen verbreiteter Einschätzungen lief den Mustern des Kreml zuwider. Es gab zudem deutliche Stellungnahmen von Vertretern der international orientierten Wirtschaft, die Medwedew seit Jahren unterstützte, für gute Beziehungen zur euro-atlantischen Welt.

Der Sieg Dmitri Medwedews bei den Wahlen im März 2008 wurde im Westen folglich begrüßt. Bundeskanzlerin Angela Merkel war die erste führende ausländische Gratulantin nach den Wahlen und unterstrich die Absicht Deutschlands, weiterhin eine zentrale und ausgleichende Rolle in den westlich-russischen Beziehungen zu spielen. Wladimir Putin wurde nach dem Amtsantritt Medwedews im Mai 2008 Ministerpräsident. Dieser ist für die Wirtschafts-, Finanz- und Sozialpolitik verantwortlich. Diese Sektoren haben in den letzten Jahrzehnten aufgrund der wachsenden Bedeutung wirtschaftlicher Fragen auch in der Außenpolitik deutlich an Gewicht gewonnen. Dies fand Niederschlag im „Außenpolitischen Konzept" vom Sommer 2008, in dem erstmals dem Premierminister ausdrücklich außenpolitische Kompetenzen eingeräumt wurden. Dies gab den Spekulationen über die Machtverteilung innerhalb des seit Mai 2008 amtierenden „Tandems" Medwedew/Putin weitere Nahrung. Putin konnte weiterhin als einflussreichster Politiker Russlands gelten. Er betonte, der Westen werde es mit dem neuen Präsidenten nicht einfacher haben als mit ihm, aber die Zeichen standen auf Entspannung.

Die EU-Mitgliedstaaten einigten sich im Mai auf die Aufnahme von Verhandlungen mit Russland über ein neues Partnerschafts- und Kooperationsabkommen. Sie waren zuvor jahrelang durch polnische bzw. litauische Einwände blockiert gewesen. Im Juni vereinbarten Gazprom und der deutsche BASF-Konzern, ihre Kooperation bei der Gasförderung auszubauen. Der erste Auslandsbesuch Medwedews als Präsident führte allerdings über Kasachstan nach China. Putin hingegen war im Jahre 2000 über Weißrussland nach London gereist und hatte damals die Symbolik der Reiseroute betont

Nach seinem Besuch in Peking flog Medwedew nach Berlin und schlug Anfang Juni die Schaffung einer neuen gesamteuropäischen Sicherheitsarchitektur vor, in deren Mittelpunkt der Respekt für die Souveränität, territoriale Integrität und politische Unabhängigkeit aller europäischen Staaten und Nordamerikas sowie ein Gewaltverzicht stehen sollten. Militärallianzen sollten sich zudem nicht zu Lasten der Sicherheit anderer Vertragspartner entwickeln dürfen und die Zusammenarbeit gegen die Weiterverbreitung von Massenvernichtungswaffen bzw. Drogen verstärkt werden. Es handelte sich um eine konkretisierte Neuauflage russischer Vorschläge aus den 90er Jahren, wenngleich nunmehr weder eine Auflösung der NATO, noch eine Ausgrenzung der USA gefordert wurden.

Im Juli stellte Medwedew sein außenpolitisches Konzept vor, in dem Russland nicht mehr als Großmacht bezeichnet wurde, anders als in sämtlichen Vorgängerkonzepten, sondern lediglich als eines der führenden Zentren der Welt. Dies war folgerichtig, da in der im März 2008 (noch unter Präsident Putin) ratifizierten „Konzeption der sozioökonomischen Entwicklung" betont worden war, Russland solle bis zum Jahre 2020 zu einer Großmacht werden. Dieser Status blieb ein zentrales Ziel der Politik. Auch Medwedew wollte die weltpolitische Statur des Landes durch eine wachsende Wirtschaft stärken. Darum fordert er im außenpolitischen Konzept, die Politik solle ein Umfeld schaffen, das die Entwicklung der Wirtschaft bestmöglich begünstige (Donaldson 2009: 116). Die Zusammenarbeit im GUS-Raum wurde als Priorität bezeichnet, ebenso wie in den Vorgängerkonzepten, die Bedeutung der russisch-weißrussischen Union hingegen deutlich herabgestuft. Ziel sei ein Europa ohne Trennungslinien, wodurch nicht zuletzt die euro-atlantische Region in der globalen Konkurrenz gestärkt werden solle. Mit den USA werde eine strategische Partnerschaft angestrebt. In der Vorgängerversion aus dem Jahre 2000 war hiervon noch keine Rede gewesen.

Im Kaukasus nahmen die Spannungen im Frühjahr 2008 jedoch bedrohliche Ausmaße an. Ein Sprecher des Außenministeriums bekundete die Entschlossenheit Russlands, Krieg zu führen, falls Georgien, das aggressive Absichten hege, Abchasien oder Südossetien angreife. Dies gelte selbst für den Fall, dass Georgien die NATO um Unterstützung bitten sollte. Die russischen Truppen im Nordkaukasus führten im Juli groß angelegte Übungen durch und befanden sich weiter in Alarmbereitschaft, als georgische Truppen Anfang August einen massiven Angriff auf Südossetien begannen, auch auf die dort mit völkerrechtlicher Legitimation stationierten russischen Friedenssoldaten. Daraufhin rückten Truppen vom russischen Nordossetien ein. Hierfür spielten neben außen- auch innenpolitische Überlegungen eine ausschlaggebende Rolle. Die Situation in weiten Gebieten des russischen Teils des Kaukasus wäre wahrscheinlich außer Kontrolle geraten, wenn der Kreml nicht eingegriffen hätte.

Nachdem sich bereits zwei Tage nach Kriegsbeginn die Niederlage abzeichnete, behauptete Georgien, die eigenen Operationen seien Reaktion auf einen russischen Angriff gewesen, was im Westen weithin auf offene Ohren stieß. Bundeskanzlerin Merkel hingegen reiste noch während der gewaltsamen Auseinandersetzungen nach Russland, um sich mit Medwedew zu treffen. Sie übte zwar Kritik an Elementen der Politik des Kreml, sprach jedoch davon, dass Russland lediglich reagiert habe.

Moskau achtete darauf, den Konflikt in Grenzen zu halten, so wurde die Gas- oder die Stromversorgung Georgiens nicht gestört, was möglich gewesen wäre. Allerdings zeigten Kommandeure vor Ort, wenn nicht sogar der Generalstab Anzeichen, die eigenen Befugnisse überschreiten und den Gegner vernichtend schlagen zu wollen. Es bedurfte einiger Mühe der politischen Führung, die Generäle zu zügeln, die den durch den französischen Präsidenten als EU-Ratsvorsitzender vermittelten Waffenstillstand nur zähneknirschend akzeptierten. Fünf Tage nach Kriegsausbruch schwiegen die Waffen.

Während der ersten Amtszeit Präsident Putins (2000-2004) hatte der Generalstab gegen die Abschaffung der Wehrpflicht, die Schließung der Stützpunkte in Vietnam bzw. Kuba und die Präsenz westlicher Truppen in Zentralasien opponiert. Als Reaktion darauf war er deutlich dem Minister untergeordnet worden, und 2007 war mit Anatoli Serdjukow erstmals seit Generationen ein Zivilist Verteidigungsminister geworden. Wenige Wochen vor Kriegsausbruch war Mitte 2008 der Generalstabschef entlassen und durch einen Vertrauten Serdjukows ersetzt worden. Die unter Jelzin geschlossene informelle Übereinkunft zwischen der politischen und der militärischen Führung Russlands – ein weitgehender Freiraum der Generalität gegen Loyalität – war von Ersterer aufgekündigt worden, sie besaß nunmehr die Macht dazu. Die wenige Wochen nach Kriegsende eingeleiteten tiefgreifenden Reformen der Streitkräfte stützen diese Deutung.

Im Westen wurde häufig emotional stark aufgeladen auf eine Aggression des Kreml verwiesen, und eine der Hauptbegründungen des Kreml für sein Eingreifen, ein drohender Genozid an den Osseten, galt als unglaubwürdig. In Russland hingegen wurde die verbreitete westliche Parteinahme für Georgien mit Zorn aufgenommen, und es setzte sich die Ansicht fest, dieses wäre zum Angriff ermuntert worden. Die russisch-westlichen Beziehungen schienen einen auf absehbare Zeit irreparablen Schaden genommen zu haben.

US-Präsident Bush und Außenministerin Rice hatten Georgien in den vorhergehenden Jahren wiederholt als „Alliierten" bezeichnet. Die USA verhielten sich während des Kriegs jedoch passiv, wodurch ihr Prestige einen schweren Schlag erlitt. Entsprechend zornige Äußerungen kamen aus Washington, ähnlich wie bei vergleichbaren Gelegenheiten in der Vergangenheit aus Moskau. Der US-Botschafter in Russland bezeichnete die ersten Maßnahmen Russlands nach dem Kriegsausbruch zunächst als „legitim", musste jedoch nach einigen Tagen bestreiten, diese Äußerung getan zu haben. Die NATO brach ihre Kontakte mit Russland ab, die EU fror Verhandlungen ein, und auch der Kreml demonstrierte Härte. Es war kaum ein Zufall, dass der syrische Präsident der erste Staatsmann nach dem Kriegsausbruch war, mit dem sich Medwedew traf. Dies war ein Zeichen des Kreml an den Westen, dass er u.U. im Nahen Osten Probleme erwarten könnte.

Zwei Wochen nach Kriegsende betonte Medwedew, Russland wolle jegliche Konfrontation vermeiden und wünsche sich und – in dieser Reihenfolge – freundschaftliche Beziehungen mit Europa, den USA und „anderen Ländern". China erwähnte er nicht. Er sagte allerdings auch, dass der Schutz der eigenen Bürger, unabhängig von ihrem Wohnort, eine Priorität Russlands sei, und sprach zudem von Regionen „privilegierten Interesses" seines Landes. Diese Worte weckten die Sorge, dass der Kreml in Zukunft die Muskeln spielen lassen könnte, was jedoch nicht eintrat. Die im diplomatischen Sprachgebrauch unübliche Formulierung „Sphäre privilegierter Interessen" wurde offiziell nicht mehr wiederholt.

Russland entschloss sich Ende August 2008 zur völkerrechtlichen Anerkennung sowohl Südossetiens als auch Abchasiens. Der Westen hatte in Bezug auf den Status des Kosovo jahrelang auf Verhandlungen gesetzt, ehe er sich zur Anerkennung entschloss, Russland hingegen handelte übereilt und ohne sich abzustimmen. Aus Sicht des Kreml gab es hierfür nachvollziehbare Gründe, sie waren aber kaum hinreichend, und die Kosten der Anerkennung waren hoch. Der Westen reagierte empört, und kein GUS-Land oder Nachbar wollte Moskau folgen. China war erkennbar verstimmt und distanziert und Usbekistans trat gar aus der Eurasischen Wirtschaftsgemeinschaft aus. Die Anzahl der Staaten, die die Gebiete völkerrechtlich anerkannten blieb auch in den folgenden Jahren sehr gering. Es gab berechtigte Fragen, ob Russland von seinem traditionellen Kurs abgehen könnte, dass die territoriale Integrität der Staaten grundsätzlich über dem Selbstbestimmungsrecht der Völker rangiere. Aber Russland betonte in Bezug auf Abchasien und Südossetien, dass es sich um berechtigte Ausnahmen und keineswegs ein neues Muster handele, ebenso wie zahlreiche westliche Länder in Bezug auf den Kosovo.

Es gab Sorgen, die Frontstellung zwischen Russland und dem Westen werde zu einer Verhärtung im Innern Russlands führen. Medwedew aber betonte, Russland habe den Weg zur Demokratie nicht gewählt, um anderen Ländern zu gefallen, sondern aus eigener Entscheidung. Von einer Öffnung des politischen Systems, die zahlreiche Beobachter vom neuen Präsidenten erwartet hatten, konnte, von Gesten abgesehen, bisher kaum die Rede sein.

In den Wochen nach Kriegsende konnte mitunter der Eindruck entstehen, Moskau beabsichtige durch eine Zusammenarbeit mit Ländern wie Venezuela, Washington bewusst zu provozieren, wenn nicht gar, wie zu Sowjetzeiten, eine „anti-imperialistische Front" aufzubauen. Es gab auch Drohungen, etwa Mittelstreckenraketen in der Enklave Kaliningrad aufzustellen, falls die USA in Polen Abfangraketen stationieren sollten. Einige westliche Staaten wiederum forderten lautstark die Eindämmung Russlands, dessen Aggressivität durch den Krieg erwiesen sei. Der Kreml gab ihnen z.B. in Bezug auf Kontroversen um den Inhalt des Waffenstillstandsvertrags mit Georgien durchaus Argumente an die Hand. Russland seinerseits fühlte sich durch den demonstrativ engen Schulterschluss der USA und einiger mittelosteuropäischer Staaten mit Georgien hochgradig provoziert. Die Situation erinnerte an die Sackgasse des russisch-westlichen Verhältnisses 1999.

Die US-Außenministerin sprach Anfang September von russischen „Schikanen". Gleichwohl begannen die Vertreter einer harten Linie gegenüber Russland in die Defensive zu geraten: Der US-Verteidigungsminister bekundete seine Distanz zu den Worten seiner Kabinettskollegin. Deutschland setzte gegen den Widerstand etwa Polens durch, dass die EU einen Untersuchungsausschuss zu den Hintergründen des Kaukasuskrieges einsetzte. Der US-Kongress weigerte sich zunächst, Gesetze zu verabschieden, die für Flüge von US-Astronauten durch russische Raketen zur internationalen Weltraumstation erforderlich waren, gab aber bereits Ende September nach. Im Oktober fand sogar eine gemeinsame Übung der Seestreitkräfte Italiens und Russlands statt.

Russland bekundete im Herbst neben den unfreundlichen Gesten zugleich und in wachsendem Maße seine Bereitschaft zur Zusammenarbeit mit dem Westen, verlangte allerdings eine breit angelegte strategische Verständigung. Präsident Medwedew bekräftigte das Ziel einer gemeinsamen Raketenabwehr. Er kritisiere die USA mit deutlichen Worten, betonte jedoch, sein Land wolle sich nicht selbst isolieren, da dies in eine Sackgasse führe. Die Bundeskanzlerin strich heraus, dass die NATO und Russland Partner seien, die einander brauchten, und Russland kündigte an, so gut wie alle Panzer auf dem Gebiet Kaliningrad abzuziehen.

Im postsowjetischen Raum drohte weiterhin Störpotenzial: Russland hatte bereits 2005 seine Entschlossenheit erklärt, die Gaspreise für Abnehmer aus der GUS auf diejenige für mitteleuropäische Abnehmer anzuheben. Trotz scharfer Auseinandersetzungen, insbesondere mit Weißrussland und der Ukraine, war Russland dies nur ansatzweise gelungen. Die Internationale Energieagentur bezifferte die Exportpreise von Gazprom 2008 in US-Dollar gerechnet je 1000 m$^3$ auf folgende Höhe:

| EU-Durchschnitt | 500 |
| --- | --- |
| Baltische Länder | 280 |
| Georgien | 230 |
| Republik Moldau | 191 |
| Ukraine | 180 |
| Weißrussland | 128 |
| Armenien | 110 |

Außenminister Lawrow bekräftigte im Frühjahr 2008, Russland wolle in zwei bis drei Jahren sämtlichen Abnehmern Energie zu Marktkonditionen verkaufen. Im Herbst 2008 stürzten die Rohstoffpreise in die Tiefe, und die Finanz- und Wirtschaftskrise traf Russland mit besonderer Härte, was die Entschlossenheit Moskaus, auf Preisangleichungen zu drängen, beträchtlich erhöhte, nicht zuletzt gegenüber der Ukraine, mit der die Verträge zum Jahresende ausliefen. Die Ukraine war von den weltwirtschaftlichen Turbulenzen allerdings noch stärker betroffen als der große Nachbar, und die innenpolitische Krise, in der sich das Land seit Jahren befand, steuerte aufgrund der anstehenden Präsidentschaftswahlen auf einen neuen Höhepunkt zu. Kiew lehnte die Preiserhöhung ab, auf der Moskau beharrte. Mit dem Jahreswechsel stellte Russland die Lieferungen an die Ukraine ein, einige Tage später auch die Transitlieferungen für Abnehmer aus dem EU-Raum, da, so die russische Argumentation, in der Ukraine illegal Gas entnommen werde. Bei den Konflikten um den Gaspreis zwei Jahre zuvor hatte Russland die Transitlieferungen nicht unterbrochen.

Millionen Verbraucher auf dem Balkan mussten mitten im Winter auf ihren unentbehrlichen Energieträger verzichten. Im Westen wurde dieses Mal im Unterschied zu 2006 jedoch nicht vornehmlich Russland für die Gaskrise verantwortlich gemacht. Die Ukraine und Russland konnten sich erst nach einigen Wochen auf Preise einigen, die nur noch wenig unter dem europäischen Niveau lagen. Nach Beendigung des Konflikts setzten geradezu fieberhafte Aktivitäten ein: Russland verstärkte die Bemühungen, seine Abhängigkeit von der Ukraine zu vermindern, durch die fast 80% des russischen Gastransits flossen. Die EU wiederum engagierte sich noch stärker, um in Zukunft Gas aus dem kaspischen Raum an Russland vorbei nach Europa zu führen, aber weiterhin ohne Erfolg.

## 5.2 Anfang 2009 bis Ende 2010: Neuanfang

Die Interessenunterschiede zwischen Russland und Teilen der euroatlantischen Welt in Bezug auf die Sicherung von Ressourcen schlugen anhaltende Wellen in der Öffentlichkeit, der Prozess der politischen Annäherung ging gleichwohl weiter. Hingegen wurde der Kontakt zwischen Georgien auf der einen und der NATO bzw. der EU auf der anderen Seite zu Beginn des Jahres 2009 fast eingestellt, nachdem er in den Monaten zuvor sehr intensiv gewesen war. Anfang Februar hieß es in einer gemeinsamen Erklärung der Bundeskanzlerin und des französischen Präsidenten, die Anerkennung von Südossetien und Abchasien habe das Völkerrecht verletzt und ein Vertrauensproblem mit Russland geschaffen – aber nicht mehr, wie sie implizit deutlich machten. Eine Politik des „Containment", die einige NATO-Staaten forderten, lehnten Berlin und Paris nachdrücklich ab. Die Übernahme der Präsidentschaft durch Barack Obama im Januar 2009 stellte zudem sicher, dass Washington von der harten Haltung gegenüber Russland abrückte. Gleichwohl führten die USA und weitere Länder im Mai ein gemeinsames Manöver mit georgischen Einheiten in Georgien durch, an dem die Mehrzahl der NATO-Partner, beispielsweise Deutschland, nicht teilnahm.

Medwedew bekundete die Bereitschaft Russlands, mit der Anti-Terror-Koalition in Afghanistan umfassend zusammenzuarbeiten, und forderte erneut, eine gesamteuropäische Sicherheitsarchitektur zu schaffen. Putin erklärte, sein Land wolle den Zugang für ausländische, d.h. insbesondere westliche, Investoren erleichtern. Die russische Führung hatte im Kaukasuskrieg Entschlossenheit demonstriert, was ihr Ansehen in Russland durchaus steigerte. Andererseits hatte die Reaktion der Staatengemeinschaft auf die Anerkennung der von Georgien abgespaltenen Gebiete die weltweite Isolation Russlands offenbart. Diesen Eindruck konnte auch der erste Gipfel der Staatschefs der BRIC-Staaten im russischen Jekaterinburg im Frühjahr 2009 nur relativieren. Darüberhinaus war die ökonomische Lage überaus angespannt. Der Kreml sah sich zu Konzessionen genötigt, auch hinsichtlich Chinas:

Das staatliche chinesische Ölunternehmen Sinopec und der russische Rosneft-Konzern hatten 2006 eine erhebliche Ausweitung ihrer Kooperation vereinbart, auf die das finanziell angeschlagene Rosneft angewiesen war. Das Ausmaß der Zusammenarbeit blieb jedoch hinter den Plänen zurück, da China grundsätzlich niedrigere Energiepreise zahlen wollte als auf dem internationalen Markt üblich. Dies war Moskau nicht bereit, Peking zuzugestehen. Im Frühjahr 2008 deutete sich infolgedessen eine Verzögerung der Lieferung von 50 Mio. Tonnen Öl an, die zwischen 2010 und 2015 jährlich an China gehen sollten. Im Februar 2009 sah sich die russische Seite aufgrund der wirtschaftlichen Turbulenzen genötigt nachzugeben, und Rosneft erhielt von China einen dringend benötigten Kredit über 25 Mrd. US-Dollar mit einem günstigen Zinssatz von 6%. Russland erklärte sich in einer Situation der Schwäche zu Zugeständnissen an China bereit, die nicht im westlichen Interesse liegen konnten. Kurze Zeit darauf stellte China Turkmenistan, das sich in einer Auseinandersetzung mit Russland befand, einen Kredit über fünf Milliarden US-Dollar zur Verfügung. Dies war eine Herausforderung Russlands. Peking war nunmehr in der Lage und willens, die Kooperation mit Moskau zunehmend durch Elemente der Konkurrenz zu ergänzen.

Dies mag die wechselseitige Kooperationsbereitschaft sowohl in Russland als auch in der euro-atlantischen Welt erhöht haben: Im Juni nahm die NATO ihre Zusammenarbeit mit Russland im NATO-Russland-Rat wieder auf und einige Monate später auch die Militärkooperation. Im Juli einigten sich die Präsidenten der USA und Russlands auf Eckpunkte eines neuen Vertrags zur Abrüstung strategischer Waffen, der vor dem Auslaufen des START-Vertrag Ende 2009 in Kraft treten sollte. Beide deuteten zudem an, dass ein gemeinsames System zur strategischen Raketenabwehr denkbar sei.

Außenminister Lawrow erklärte im April 2009, Russland sei zur Zusammenarbeit im GUS-Raum bereit und wolle die Länder der Region „nicht vor die falsche Wahl stellen", sich auf die russische Seite zu begeben oder als Feind betrachtet zu werden. „Unglücklicherweise versuchen sich einige unserer Partner in dieser Art und Weise zu verhalten." Einige westliche Beobachter hielten diese Worte für selbstgerecht bzw. für den Versuch eines Täuschungsmanövers. Gleichwohl lässt sich seit 2009 das Muster erkennen, dass sich Russland bei seinen Kontakten mit GUS- und Nachbarländern nicht mehr ausschließlich auf regierende Kräfte stützt, sondern den auch gute Beziehungen zu Oppositionskräften bzw. unterschiedlichen politischen Lagern unterhalten möchte, ob in der Ukraine, der Republik Moldau, Estland oder Kirgisistan.

Einige NATO-Länder, insbesondere in Ostmitteleuropa, strebten weiterhin keine Kooperation, sondern eine Eindämmung Russlands an, was beispielsweise Dokumente belegen, die durch „Wikileaks" seit Ende 2010 publik wurden. So teilte der US-Botschafter bei der NATO Außenministerin Clinton im Juni 2009 mit, nichts spalte die Verteidigungsorganisation so sehr wie die Russlandpolitik. Die Führung der USA sah sich auch harten Vorwürfen der republikanischen Opposition ausgesetzt, als im Herbst die Pläne aufgegeben wurden, Elemente der Raketenabwehr in Polen bzw. der Tschechischen Republik zu stationieren und stattdessen ein System auf Schiffen im Mittelmeer zu dislozieren. Der polnische Außenminister forderte daraufhin US-Truppen in seinem Land, um eine „russische Aggression" zu verhindern. Die US-Administration versuchte, ihre Kritiker zu besänftigen, z.B. indem sie die NATO-Alliierten dazu brachte, der Ausarbeitung einer Verteidigungsstrategie für das Baltikum zuzustimmen, die Russland als unnötig und provokativ empfand.

Auch Russland bemühte sich um die Ostmitteleuropäer. So einigten sich Moskau und Warschau im Herbst auf ein gemeinsames Zentrum zur Erforschung der Vorgänge in Katyn, wo 1940 über 20.000 polnische Offiziere vom sowjetischen Geheimdienst ermordet worden waren. Die UdSSR hatte das Verbrechen jahrzehntelang geleugnet und die russische Staatsanwaltschaft Untersuchungen schließlich ergebnislos abgebrochen, was in Polen und weit darüber hinaus Aversionen gegen Moskau genährt hatte.

Russland hatte als Handelspartner für die USA in den vorhergehenden Jahren sichtbar an Bedeutung gewonnen. Die Rangfolge Russlands im US-Außenhandel veränderte sich wie folgt:

| Jahr | Exporte | Importe |
|------|---------|---------|
| 2003 | 39. | 28. |
| 2009 | 32. | 20. |

Es gelang ihnen jedoch nicht, sich bis Ende 2009 auf die Nachfolge des auslaufenden START-Vertrags zu einigen. In der neuen russischen Militärdoktrin von Anfang 2010 wurde eine NATO-Erweiterung immerhin nicht mehr als „Bedrohung" bezeichnet, sondern zu einer „Gefahr" zurückgestuft.

Im Februar 2010 ging aus einem Bericht der Internationalen Atomenergiebehörde hervor, dass der Iran bereits an der Entwicklung eines nuklearen Sprengkopfs arbeiten könnte. Die USA strebten nunmehr nach einer raschen Einigung mit Russland hinsichtlich der Raketenabwehr. Der Kreml hingegen wünschte zunächst eine Einigung über die Sicherheitsrisiken, und war über pakistanische Raketen, die bereits russisches Territorium erreichen könnten, besorgter als über die potenziellen Absichten und Fähigkeiten des Iran. Zudem könnte die Herstellung einer Sicherheitspartnerschaft mit dem Westen erhebliche Auswirkungen auf das Verhältnis zu China haben.

Aber selbst wenn der Plan eines gemeinsamen Raketenabwehrsystem scheitern würde, war keine neue Eiszeit im russisch-westlichen Verhältnis zu erwarten. Für diesen Fall sahen die US-Planungen vor, dass die Abfangraketen eine geringere Reichweite und Fluggeschwindigkeit als die unter Präsident Bush geplanten haben. Radaranlagen sollten in Südost- und nicht mehr in Mittelosteuropa stationiert werden und das System so konzipiert sein, dass nach Nordamerika fliegende russische Interkontinentalraketen nicht abgefangen werden könnten. Das System würde von Russland folglich kaum als Bedrohung seiner Sicherheit oder seines Status betrachtet werden können.

Die Präsidenten der USA und Russlands unterzeichneten im April 2010 in Prag das Nachfolgeabkommen für den abgelaufenen START-Vertrag. Die Vereinbarung sah mit der Begrenzung auf 1500 bis 1675 strategische Sprengköpfe eine moderate Reduzierung der Kernwaffen und der Trägersysteme vor. Es gab aber weiterhin Differenzen. Moskau sah im Gegensatz zu Washington einen Zusammenhang zwischen Abrüstungsvereinbarungen und der Zukunft der strategischen Raketenabwehr. Zudem lehnte Russland US-Pläne ab, nicht-nukleare strategische Systeme zu entwickeln. Vertreter Russlands wurden auch nicht zum Treffen der G7-Finanzminister eingeladen, die Indizien einer Entkrampfung der Beziehungen überwogen aber bei weitem.

Am 9. Mai 2010 paradierten neben russischen erstmals auch britische, französische, polnische und amerikanische Truppen auf dem Roten Platz. Washington gab im gleichen Monat bekannt, den Austausch über eine europäische Sicherheitsarchitektur gutzuheißen, die Russland im November 2009 konkretisiert hatte. In Polen wurde die spontane und mitfühlende Reaktion Russlands auf den tragischen Tod Staatspräsident Lech Kaczynskis mit Dankbarkeit aufgenommen, und das russische Staatsarchiv machte im Frühjahr 2010 erstmals Dokumente über Katyn im Internet zugänglich. Daneben erklärten sich die USA im Mai bereit, in Zukunft den Start von Satelliten und ballistischen Raketen anzukündigen. Russland hatte dies bis 2008 getan, danach jedoch mit der Begründung unterlassen, dass andere Staaten nicht folgen würden. Der kurz darauf stattfindende EU-Russland-Gipfel fand in einer konstruktiven Atmosphäre statt. Es ging insbesondere um die Modernisierungspartnerschaft zwischen beiden Seiten, die bislang auf der Stelle trat. Wiederum kurz darauf vereinbarten Russland und Norwegen einen Kompromiss über seit Jahrzehnten strittige Seegewässer, und die NATO-Länder einigten sich darauf, dass eine Mitgliedschaft Georgiens und der Ukraine zwar angestrebt werde, aber nicht auf der Agenda stehe.

Mitte Juli 2010 wiederholte und bekräftigte Medwedew, das Hauptziel russischer Außenpolitik bestehe in der ökonomischen Modernisierung, darum benötige das Land Modernisierungspartnerschaften mit den USA und den führenden Ländern Europas. Er äußerte zudem erstmals offiziell, dass die Beziehungen mit dem Westen und den Ländern Ostasiens Priorität über die Beziehungen mit den postsowjetischen Nachbarn hätten.

Einige Konfliktpunkte zwischen Russland und der euro-atlantischen Welt blieben, nicht zuletzt in Bezug auf Georgien. Im EU-Bericht über den Kaukasuskrieg hieß es, dass Georgien ihn zwar entfesselt habe, vorher aber lange provoziert worden sei, und dass der russische Einmarsch in das georgische Kernland unangemessen gewesen sei. Die verschiedenen Lager innerhalb der EU hatten sich erst nach langem Ringen auf dieses Kompromisspapier einigen können. Georgien zeigte sich weiterhin entschlossen, den Beitritt Russlands zur WTO mit einem Veto zu verhindern. Die Konflikte um

Georgien trugen auch wesentlich dazu bei, dass der OSZE-Gipfel Anfang Dezember 2010 in Kasachstan, der von Hoffnungen auf eine Revitalisierung der Organisation begleitet war, mit einem Fehlschlag endete. Einige Monate zuvor hatte ein Spionageskandal das russisch-amerikanisch Verhältnis getrübt. Trotz der genannten Faktoren war die russisch-westliche Annäherung seit dem Frühjahr 2009 von einer Dynamik geprägt wie zuletzt nach dem 11. September 2001.

Der NATO-Generalsekretär setzte sich ab Frühjahr 2010 für einen gemeinsamen strategischen Abwehrschirm mit Russland ein, und wagte im August die Voraussage, dass dieser bis zum Jahre 2020 realisiert werde. Russland betonte sein Interesse, stellte jedoch auch heraus, dass zunächst eine Einigung über mögliche Sicherheitsgefahren erzielt werden müsse, ehe über Fragen der Kontrolle und Befehlsstruktur gesprochen werden könne. Gleichwohl unterbreitete Medwedew Ende November einen Vorschlag für die Aufteilung der Verantwortlichkeiten einer möglichen gemeinsamen Raketenabwehr. Russland solle für einen Sektor verantwortlich sein, die NATO für den anderen. Die Abwehrsysteme müssten folglich weder verschmolzen noch militärische Geheimnisse geteilt werden. Das NATO-System solle russisches Territorium nicht mit abdecken, d.h. auch nicht Richtung Osten gerichtet sein, welches Gebiet der russische Teil abdecken soll, war noch nicht definiert. Die westliche Seite bekundete ihre Bereitschaft, über den Vorschlag zu sprechen. Die Verteidigungsminister der NATO und Russlands, der sich im September erstmals in den USA aufhielt, vereinbarten ein Treffen für den Juni 2011, um über die Fortschritte hinsichtlich der gemeinsamen Analyse zu sprechen.

Deutschland und Russland unternahmen im Juni 2010 im deutschen Meseberg den Versuch, der Kooperation zwischen der EU und Russland sowie Ansätzen zur Lösung des Transnistrienkonflikts einen neuen Impuls zu verleihen. Im Oktober trafen sich die Bundeskanzlerin, der französische sowie der russische Präsident darüberhinaus zu Konsultationen. Wenngleich die genannten Treffen zu keinen Durchbrüchen führten, hatten die wichtigsten Länder Kontinentaleuropas deutlich ihren Willen zur Zusammenarbeit zum Ausdruck gebracht, und es gab Anzeichen, die Gespräche unter Hinzuziehung Polens fortzusetzen. All dies bereitete den Boden für den NATO-Gipfel im November in Lissabon, auf dem Russland und die NATO schriftlich feststellten, wichtige Interessen zu teilen, vor gemeinsamen Herausforderungen zu stehen und die Kooperation intensivieren zu wollen. So sollte der Transit von Gütern für in Afghanistan stationierte westliche Truppen über russisches Territorium, der bereits 2009 beträchtlich zugenommen hatte, nun auch in umgekehrter Richtung möglich werden. Diese Ergebnisse übertrafen die Erwartungen der meisten Beobachter.

Auch in anderer Hinsicht begann die wachsende Zusammenarbeit Früchte zu tragen: Russland kritisierte bereits seit langem mit zunehmender Schärfe, dass der Westen zu wenig gegen die afghanische Drogenproduktion unternehme, die sich seit 2002 vervielfacht hatte. Aus Afghanistan stammende Drogen sollen nach UN-Angaben jährlich in Russland 30.000 und in Ländern der NATO 10.000 Menschenleben fordern. Im Herbst kam es erstmals zu einem gemeinsamen Vorgehen, bei dem US-Einheiten in Begleitung russischer Spezialisten innerhalb Afghanistans Drogenlabors zur Heroin-Herstellung sowie Rauschgifte im Wert von 250 Mio. US-Dollar zerstörten. Die Operation stützte sich auf Informationen russischer Nachrichtendienste.

Der Ratifizierungsprozess für den START-Vertrag im US-Senat kam nicht voran, obgleich nach dem Auslaufen des alten Vertrags nun keine Inspizierung von russischen Nuklearbasen durch US-Experten mehr möglich war. Die USA beschuldigten Russland, den abgelaufenen START-Vertrag verletzt zu haben. Moskau antwortete mit ähnlichen Vorwürfen. Angaben der russischen Zeitung „Kommersant" zufolge sollen Washington und Moskau bereits im Herbst 2009 dieses Vorgehen miteinander vereinbart haben, um die jeweiligen innenpolitischen Gegner einer Annäherung durch harte Worte zu beruhigen. Im Herbst erfolgte schließlich die Warnung aus Moskau, mit dem Westen in der Iranfrage nicht weiter zu kooperieren, falls START nicht ratifiziert werde. Wenige Wochen darauf fand sich im Senat eine deutliche Mehrheit für die Ratifizierung, was nicht zuletzt an den kurz zuvor erfolgten Wahlen zum US-Senat gelegen haben dürfte, in deren Vorfeld sich zahlreiche

Senatoren zu einem Schritt nicht imstande gesehen hatten. An der Zustimmung des russischen Parlaments zu START hatte nie Zweifel gegeben, die Ratifizierung durch die Duma und den Föderationsrat erfolgte Ende Januar 2011.

Georgien gab im Spätherbst 2010 bekannt, den WTO-Beitritt Russlands nicht mehr zu blockieren, was am Druck westlicher Staaten gelegen haben dürfte, sodass EU-Kommissar Karel de Gucht im November die Ansicht äußerte, dass Russland der WTO noch vor Ende 2011 beitreten könne. Der EU-Russland-Gipfel im Dezember wurde von Kommissionspräsident José Manuel Barroso als der beste bezeichnet, an dem er teilgenommen habe. Die Duma stellte in einer mit 324 gegen 57 Stimmen angenommenen Deklaration fest, dass Katyn als Verbrechen des stalinistischen Regimes und der Sowjetunion, eines totalitären Staates, zu werten sei. Hierauf hatte Polen gedrängt, der Kreml hatte zuvor argumentiert, ähnliche Gesten seien bereits seit langem erfolgt.

Es gab zugleich weiterhin russische Signale, die als unnötig schroff empfunden werden konnten. So erklärte der russische Präsident nach Gesprächen mit seinem venezolanischen Kollegen Hugo Chavez, dass beide für eine gerechte Weltordnung einträten, die nicht von den Wünschen und dem Wohlergehen eines einzigen Landes abhinge. Die Spitze gegen die USA war unverkennbar. Russland wiederum fühlte sich seinerseits mitunter durch westliche Länder oder Organisationen provoziert. Der von Kooperationsbereitschaft geprägten Großwetterlage zwischen Russland und dem Westen tat dies keinen Abbruch.

Es gab gleichwohl im Westen immer wieder besorgte Beobachter, dass Russland seinen Einfluss im GUS-Raum ausbaue: Der neue ukrainische Präsident Janukowitsch, der 2004 bei den Wahlen unterlegen war, schloss im Frühjahr 2010 mit Russland ein Abkommen über die Verlängerung der Präsenz der russischen Flotte auf der Krim bis zum Jahre 2042. Moskau erklärte sich im Gegenzug mit einer langfristigen Ermäßigung des Gaspreises einverstanden, dessen Gesamtwert mit 40 Mrd. US-Dollar angegeben wurde. Stimmen, dass Russland die Rückerwerbung der Krim anstrebe, sind seit 2009 leiser geworden, wozu auch die Verlängerung des russisch-ukrainischen Freundschaftsvertrags Ende 2008 beitrug, der die territoriale Unversehrtheit der Ukraine garantiert. Sie sind mitunter aber noch zu hören, insbesondere von Vertretern der nunmehrigen Opposition in der Ukraine.

Der erheblichen Subventionierung der ukrainischen Wirtschaft liegen eher defensive Absichten zugrunde. Russland möchte einen ungestörten Gas-Transitfluss sicherstellen und das Interesse Kiews an einer Kooperation erhöhen. Russland einigte sich zudem mit Kasachstan und Weißrussland auf die Errichtung einer Zollunion, die zum 1. Januar 2010 in Kraft trat. Die Ukraine lehnte einen Beitritt ab. Erhebliche Kontroversen zwischen Moskau und Minsk behinderten Fortschritte, sie spitzten sich im Herbst 2010 derart zu, dass Medwedew dem weißrussischen Präsidenten Lukaschenko öffentlich eine hysterische Anti-Russland-Kampagne vorwarf. Anfang Dezember 2010 einigten sich jedoch Kasachstan, Russland und Weißrussland, die Zollunion bis Ende 2012 zu einem gemeinsamen Wirtschaftsraum zu erweitern. Russland war hierfür bereit, die Zölle auf Ölausfuhren nach Weißrussland abzuschaffen, was Einnahmeverluste in Höhe von 2 Mrd. US-Dollar jährlich bedeutet. Lukaschenko hatte in den vorhergehenden Jahren wiederholt mit dem Westen geliebäugelt, um seinen Wert in russischen Augen zu steigern. Das scheinbare Schwanken hatte sich bezahlt gemacht. Die Einigung mit Russland ermöglichte ihm zugleich, zu einem harten Vorgehen gegen die weißrussische Opposition zurückzukehren.

Die seit 2003 bestehende Absicht, durch strategische Investitionen in GUS-Ländern auch politisch in der Region an Gewicht zu gewinnen besteht fort, wenngleich wegen der aus russischer Sicht ernüchternden Erfahrungen der vorhergehenden Jahre in einem abgeschwächtem Maße und mit einer eher defensiven Zielrichtung. Russische Unternehmen tätigten in den Jahren seit 2005 etwa 25% ihrer steigenden Auslandsinvestitionen im GUS-Raum. Letztlich wird Russland lediglich in der Lage sein, die von der EU ausgehende Gravitation abmildern. Wirtschaftlicher Einfluss ist zudem häufig eine notwendige, aber keine hinreichende Bedingung für politische Vorherrschaft.

Russisch-westliche Differenzen über Entwicklungen im GUS-Raum blieben in einem gewissen Grade bestehen, belasteten die

Beziehungen aber bei weitem nicht in dem Maße wie zwischen 2004 und 2008. Dies wurde nicht zuletzt in Hinsicht auf Kirgisistan deutlich: Nach dem Sturz des Präsidenten im April konnte die neue neuen Führung das Land nicht stabilisieren. Im Juni brach die Sicherheit und Ordnung im Süden des Landes zusammen. Die kirgisische Führung bat Russland, militärisch einzugreifen und das Blutvergießen zu beenden, das Hunderte Opfer forderte und Hunderttausende zur Flucht in das benachbarte Usbekistan zwang. Zur Überraschung der westlichen Russlandkritiker und zum Bedauern von Menschenrechtlern griff der Kreml nicht ein.

Moskau fürchtete aus triftigen Gründen eigene Verluste, in eine unübersichtliche Gemengelage hineingezogen zu werden und eine Verschlechterung der Beziehungen mit anderen Staaten Zentralasiens. Wie bereits 2005/06 in Bezug auf Usbekistan wurde nun erneut deutlich, dass Russland davor zurückscheute, große Risiken einzugehen, trotz der Aussicht auf eine Machtsteigerung. Zudem traten die russisch-amerikanische Rivalitäten, die ihr Verhältnis in Zentralasien zuvor einige Jahre geprägt hatten, in den Hintergrund. Elemente der Konkurrenz, die weiter bestanden, wurden durch Komponenten einer Sicherheitspartnerschaft der USA und Russlands in Zentralasien ergänzt und teils ersetzt. Dies legte u.a. der näher rückende Abzugstermin der westlichen Truppen aus Afghanistan nahe. Im Herbst 2010 erklärte Susan Elliott, eine hochrangige Vertreterin des US-Außenministeriums, dass ein stärkerer russischer Einfluss in Kirgisistan und der gesamten Region positive Entwicklungen herbeiführen könnte. Eine derartige Äußerung wäre noch ein Jahr zuvor undenkbar gewesen.

Der Kurswechsel in der US-Außenpolitik bezog sich nicht nur auf Russland. Obama sagte im September 2009: „Demokratie kann keiner Nation von außen auferlegt werden. Jede Gesellschaft muss nach ihrem eigenen Weg suchen, und keiner ist perfekt. Jedes Land wird einen Weg beschreiten, der sich auf die Kultur des Volkes und seiner Traditionen gründet." Diese Worte standen in einem deutlichen Gegensatz zur US-Politik des früheren Präsidenten.

Der Kreml hielt es jedoch für möglich, dass Washington Russland instrumentalisieren wolle, um China zu isolieren. Moskau machte deutlich, dass die Kooperation mit dem Westen nicht zu

Lasten der Beziehungen mit China gehen werde. So vereinbarten Moskau und Peking im September 2010 eine Verstärkung der Kooperation im Energiesektor. Zu einer Einigung über den Preis kam es vorerst nicht, zudem vereinbarte China mit Turkmenistan eine Erhöhung der Gaslieferungen von 30 auf 40 Milliarden Kubikmeter ab dem Jahre 2015. Folglich könnte es sich bei dem Abkommen mit China von russischer Seite um eine Geste handeln, um - wie bereits in den Jahren zuvor - die Europäer zu einer engeren Zusammenarbeit zu bewegen. Die Beziehungen mit Peking haben gleichwohl einen deutlich höheren Stellenwert als zu Beginn der Amtszeit Präsident Putins, als Russland China wiederholt instrumentalisierte wurde, um sich dem Westen anzunähern. Hierfür spricht, dass sich Moskau im Herbst 2010 bei einem Streit zwischen Peking und Tokio, der die Gemüter in Ostasien beträchtlich erhitzte, eindeutig auf die Seite Chinas stellte. Der Kreml machte deutlich, für enge Beziehungen mit Peking zu beträchtlichen Opfern bereit zu sein.

Moskau ist 2011 auch aus einem anderen Grunde weniger auf den Westen bezogen als 20 Jahre zuvor. Russland hat nunmehr seine weltweit Präsenz deutlich verstärkt. So besuchte der damalige Präsident als erster Hausherr des Kreml seit 40 Jahren mehrere afrikanische Länder, und Präsident Medwedew begab sich beispielsweise nach Südamerika. Dieses wickelte 2010 unter 1% seines Handels mit Russland ab. Im ersten Jahrzehnt des 21. Jahrhunderts wurden aber etwa 200 Kooperationsabkommen mit Ländern Lateinamerikas abgeschlossen, auch in Bezug auf die technisch-militärische Zusammenarbeit, und der Handelsaustausch weist starke Zuwachsraten auf.

# 6 Deutung der russischen Außenpolitik

Im Folgenden werden die Beziehungen mit dem Westen im Mittelpunkt stehen, daneben wird die Entwicklung des Verhältnisses zu China einen breiten Raum einnehmen. Der Untersuchungszeitraum beschränkt sich auf die Zeit seit der Jahrtausendwende, die Deutung der Ära Jelzin erfolgte gegen Ende von Kapitel 3.

Die Ressourcen des Zarenreichs bzw. der Sowjetunion wurden jahrhundertelang in einem in internationalen Vergleich ungewöhnlich hohen Ausmaß in den Dienst außen- und machtpolitischer Ziele gestellt. Die damit verbundenen Lasten überforderten die Kräfte des Landes, was wesentlich zum Zurückbleiben und letztlich zum Zusammenbruch der UdSSR beitrug. Diese Deutung ist in Russland fast unbestritten. Unter Gorbatschow rückte die Gestaltung des Landes im Innern in den Mittelpunkt der Politik und sie blieb es auch unter Jelzin, Putin und Medwedew, was u.a. die relativ moderaten Rüstungsausgaben belegen. Die Politik des modernen Russland unterscheidet sich folglich grundlegend von derjenigen, die bis Ende der 1980er Jahre betrieben wurde.

Die Außenpolitik soll die Bedingungen für eine Stärkung der Wettbewerbsfähigkeit schaffen und verbessern, um das weltpolitische Gewicht und die Stabilität des politischen Systems zu erhöhen. Sie gewährt somit der Innen- und Wirtschaftspolitik den Vorrang. Hierüber herrscht sowohl innerhalb der Bevölkerung als auch bei den Eliten weitgehend Konsens. Russland benötigt ein spannungsarmes Umfeld, was eine taktisch bedingte Härte mitunter nicht ausschließt, um wieder als Großmacht agieren zu können, was über ideologische Grenzen hinweg ein zentrales Ziel russischer Politik bleibt. Ein Einvernehmen mit dem Westen ist nicht nur für eine Modernisierung der Wirtschaft unabdingbar, sondern auch, um innerhalb Europas nicht in Isolation zu geraten. Darüberhinaus sind entspannte Beziehungen im GUS-Raum nur denkbar, wenn der Westen Russland nicht als Gegner betrachtet. Moskau ist allenfalls begrenzt bereit, für eine starke Stellung im GUS-Raum Opfer oder Verpflichtungen auf sich zu nehmen. Grundsätzlich ist Russland an kooperativen Beziehungen interessiert, nicht zuletzt mit China.

Zahlreiche Beobachter der russischen Politik gelangen zu anderen Schlüssen. Sie legen die zwischen 2004 und 2008 angespannten Beziehungen zwischen Russland und der euro-atlantischen Welt dem Kreml zur Last. In den außenpolitischen Kapiteln sollte deutlich geworden sein, dass eine solche Interpretation zumindest in ihrer Schärfe die Entwicklung nicht adäquat beschreibt. Gleichwohl sind einige der Argumente der Russlandkritiker nicht einfach von der Hand zu weisen, wie an späterer Stelle erörtert werden wird.

Andere Beobachter sehen die Verantwortung für die Spannungen auf Seiten des Westens. Auch dieses Lager kann zahlreiche Fakten vorbringen, die sich zumindest zunächst zu einem schlüssigen Gesamtbild fügen. Vertreter beider Lager neigen jedoch dazu, ihre Argumente in einem emotional und moralisch aufgeladenen Ton vorzubringen. Dies weckt Zweifel daran, ob sie Tatsachen, die ihrem Bild widersprechen, hinreichend berücksichtigen. Um dieses harte Urteil etwas zu relativieren, sein ein fachkundiger Beobachter zitiert, der in Bezug auf die russische Außenpolitik zu Recht feststellte: Wenig ist, wie es zu sein scheint, die Schaffung von Mythen ist ebenso ein Teil der Realität wie diese an sich. Russland versucht in einem hohen Grade einen „als ob-Eindruck" zu erwecken (Lo 2002: 1, 6f.). „Als ob" es stark sei, eine Dominanz im GUS-Raum anstreben würde – oder ein Bündnis mit dem Westen? Aufgrund der Undurchsichtigkeit der Hintergründe russischer Politik weichen die Deutungen der Beobachter häufig stark voneinander ab.

### 6.1 Innenpolitische Faktoren

Einige Experten stellen fest, der Kreml habe sich nach 2000 zunächst von westlichen Werten leiten lassen, sich danach aber zu einer Distanzierung entschlossen. Letztere sei vielleicht seit langem angestrebt gewesen, aber für Putin erst aufgrund der Konsolidierung seiner Macht im Innern 2003/04 möglich geworden. Mit dem

Ende der innenpolitischen Reformen und der auch symbolisch bedeutsamen Zerschlagung des Energiekonzerns Jukos habe er nicht nur eine neue Phase der Innen-, sondern auch der Außenpolitik eingeleitet. Russland habe begonnen, den Westen herauszufordern. Putin habe sich zunehmend auf Vertreter der Geheimdienste gestützt, deren Denken vom nationalistischen Ton des Zarenreichs und der Sowjetunion bestimmt sei. Sie hätten zudem die Vorstellung eines von Feinden umgebenen Russland geschürt, um ihre Macht und ihren frisch erworbenen Reichtum zu sichern.

Wie stichhaltig ist diese Deutung? 2003/04 lässt sich tatsächlich ein gewisser Kurswechsel der russischen Innenpolitik feststellen. Demokratische Freiheiten wurden weiter eingeschränkt, und Vertreter der Geheimdienste, die „Silowiki", erwarben auch im Wirtschaftsleben spürbar an Einfluss. Es ist unumstritten, dass es sich bei ihnen in der Regel um Etatisten handelte, die einen starken Staat nach innen und außen wollten. Zudem gewannen antiwestliche Stimmen beispielsweise in den Medien an Gewicht.

Die oben genannte Deutung kann nur dann überzeugen, wenn es um die demokratischen Tugenden Putins in den ersten Jahren nach seinem Amtsantritt bedeutend besser gestanden hat als um diejenigen Präsident Jelzins. Dies wird jedoch nicht behauptet, Kritiker Putins neigen vielmehr dazu, diesen vom Demokraten Jelzin abzugrenzen. Zudem war sowohl der Ton als auch der Inhalt russischer Politik gegenüber dem Westen zwischen 2000 und 2004 zweifelsohne kooperativer als in den vier Jahren zuvor unter Jelzin. Die Konflikte erreichten selbst zwischen 2004 und 2008 nur selten die gleiche Härte wie in der zweiten Hälfte der 90er Jahre.

Zahlreiche Indizien deuten vielmehr darauf hin, dass die Bevölkerung und Teile der Eliten eine machtbetontere Politik gegenüber dem Westen bevorzugt hätten als die Führung unter Putin für angebracht hielt. Dies wurde beispielsweise an der verbreiteten innerrussischen Kritik an der Politik nach dem 11. September 2001 deutlich. Der Kreml war seit etwa 2004 lediglich stärker geneigt, der Stimmung Tribut zu zollen. Dies wurde beispielsweise in Bezug auf die russische Iranpolitik deutlich. Der Kreml kooperierte mit dem Westen, aber es konnte wiederholt der Eindruck entstehen, dass sich Moskau als Schutzmacht Teherans sah. Dabei sind Chinas

Interessen im Iran deutlich umfangreicher als diejenigen Russlands. Auch Peking war grundsätzlich skeptisch gegenüber Sanktionen, im Westen wurde jedoch Moskau und nicht Peking als wichtigste Stütze Teherans angesehen (Lo 2008: 46). Dies mag auch an einem im Westen verbreiteten besonders kritischen Blick auf Russland liegen, er vermag das Phänomen aber nicht hinreichend zu erklären: Russland zeigt ein geradezu dringendes Bedürfnis, respektiert und als großes Land betrachtet zu werden.

Putin wurde laut einer Umfrage selbst Anfang 2007 eher dafür kritisiert, dass er zu nachgiebig gegenüber dem Westen sei (16%), als zu hart bezeichneten ihn nur 8%, und 61% hielten seine Politik für ausgewogen. Die Bevölkerung scheint es für vorrangig zu halten, dass der Westen Russland ernst nimmt, Spannungen werden hierfür in Kauf genommen. Dies erklärt auch die in Umfragen deutlich gewordene positive Einschätzung der außenpolitischen Bilanz Putins 2008. Untersuchungen belegen zudem, dass eine relative Mehrheit der Russen das Russlandbild im Ausland für unangemessen negativ hält. Die Zustimmung zu dieser Aussage steigt hierbei mit dem Bildungsgrad der Befragten.

Es soll ein weiteres Indiz für die Ansicht genannt werden, dass der Kreml mitunter insbesondere darum Härte zeigt, um einer entsprechenden innerrussischen Nachfrage entgegenzukommen: Derjenige, bei dem westliche Neigungen vermutet werden und dessen „nationale Zuverlässigkeit" in Frage gestellt werden könnte, glaubt, sich als besonders unerschrockener Wahrer russischer Interessen profilieren zu müssen. Dies trifft tendenziell auf Präsident Medwedew zu, der eine deutlich größere Bereitschaft zu einer Öffnung des politischen Systems zeigt als Putin. Diese „westlichen Neigungen" führen zu dem Verdacht, auch außenpolitisch zu wenig Härte zu zeigen. Dies dürfte erklären, warum der Präsident Anfang November 2010 eine der Kurileninseln im Fernen Osten Russlands besuchte, auf die Japan Anspruch erhebt. Als Folge kam es zu einer deutlichen Verschlechterung der russisch-japanischen Beziehungen, die auch in den folgenden Monate von Kontroversen geprägt blieben. Sämtliche sowjetischen bzw. russischen Vorgänger Medwedews hatten es unterlassen, eine der Inseln aufzusuchen. Der damalige Präsident Putin hatte zu Beginn seiner Amtszeit gar angeboten, zwei der vier strittigen Eilande an Japan abzutreten. Unter außenpolitischem Gesichtspunkten betrachtet war die Positionierung Medwedews nicht nur unnötig, sondern hochgradig schädlich. Russland hat ein sehr großes Interesse an guten Beziehungen mit Japan: Zum einen wirtschaftspolitisch zur Entwicklung des Fernen Ostens Russlands, zum anderen außenpolitisch zur Ausbalancierung Chinas bzw. um Japans Abhängigkeit von den USA nicht zu verfestigen. Es liegt der Eindruck nahe, dass Medwedew außenpolitischen Schaden in Kauf nahm, um innenpolitisch im Vorfeld der nahenden Präsidentschaftswahlen zu punkten.

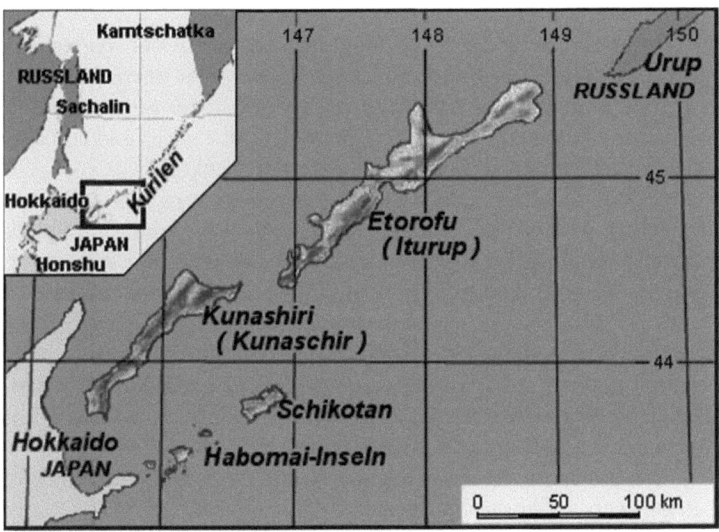

Quelle: https://www.gtai.de/ext/anlagen/MktAnlage_5797.pdf?show=true – Kurilenkonflikt

Harten Worten und Handlungen der russischen Führung liegen eher innenpolitische Motive als außenpolitisches Kalkül zugrunde. Insbesondere die Elite fürchtet angespannte Beziehungen mit dem Westen, wo häufig die eigenen Kinder leben und erhebliche materielle Interessen bestehen. Geschäftsinteressen erfordern möglichst gute Beziehungen mit dem Westen. Hierfür treten Unternehmer und ihre Verbände seit den 90er Jahren durchaus mit Erfolg ein (Lo 2002: 34).

Folgende Prozentsätze der Befragten hatten nach Untersuchungen eines weltweit tätigen US-Instituts eine positive Haltung zu den Vereinigten Staaten (Pew 2008):

|  | 99/2000 | 2002 | 2004 | 2006 | 2008 |
|---|---|---|---|---|---|
| Deutschland | 78% | 60% | 38% | 37% | 31% |
| Frankreich | 62% | 62% | 37% | 39% | 42% |
| Großbritannien | 83% | 75% | 58% | 56% | 53% |
| Russland | 37% | 61% | 46% | 43% | 46% |

Die verbreitete kritische Sicht der Bevölkerung auf den Westen ist nicht grundsätzlicher Natur. So ist die Haltung der Bevölkerung zu den USA unter Präsident Putin tendenziell positiver geworden und in Russland hatten die Menschen ein meist positiveres Bild von den Vereinigten Staaten als in Deutschland oder Frankreich.

Es sind nicht nur solche Daten, die zeigen, dass die USA nicht abgelehnt, sondern bewundert werden. Auch die russische Politik während der Irakkrise 2002/03 legt diesen Schluss nahe. Antiamerikanische Stimmungen rühren nicht daher, dass eine machtbetonte Politik auf grundsätzliche Ablehnung stieße. Sie sind vielmehr Ausdruck der Sorge, dass sich Washington gegen Moskau wendet oder wenden könnte, sowie der Eifersucht, dass es ohne Russland handelt. Eine enge russisch-westliche Kooperation, in beidseitigem Interesse, stieße auf große Zustimmung.

Die russische Bevölkerung hofft auch auf eine Annäherung der eigenen Lebensverhältnisse an diejenigen in der euro-atlantischen Welt. Dies betrifft vor allem den materiellen Aspekt, geht aber deutlich darüber hinaus. Die Menschen streben nach rechtsstaatlichen und berechenbaren Verhältnissen. Sie sind seit 1992/93 ganz überwiegend der Ansicht, dass die Politik den spezifischen Voraussetzungen ihres Landes bei der Modernisierung Rechnung tragen müsse, der Westen hat auf indirekte Weise aber nach wie vor eine Vorbildfunktion.

Wer die Situation der Menschenrechte und der Demokratie in Russland für einen relevanten Faktor des russisch-westlichen Verhältnisses hält, berührt gleichwohl einen wunden Punkt, selbst wenn man die Kritik als überzogen betrachtet. In der euro-atlantischen Welt herrscht Einigkeit darüber, dass eine Partnerschaft mit demokratischen Staaten derjenigen mit autoritär geführten deutlich vorzuziehen sei. Letztere würden einige der zentralen Ziele der westlichen Wertegemeinschaft nicht teilen und es bestehe in einem deutlich höheren Ausmaß als in den Ländern des Westens die Gefahr eines abrupten außenpolitischen Kurswechsels. Eine Zusammenarbeit mit autoritären Regimen könne sich somit lediglich auf wenige Bereiche erstrecken und besitze relativ unsichere Zukunftsaussichten.

Die Präsidenten Putin und Medwedew haben wiederholt und mit Nachdruck betont, dass sich Russland den europäischen Werten verbunden fühle. Es gibt jedoch viele Strukturen und Entwicklungen, die selbst bei aufgeschlossenen Beobachtern Zweifel wecken, ob es bereit und in der Lage sein wird, sich diesen Werten in näherer Zukunft substanziell (weiter) anzunähern. Eine strategische Partnerschaft wird aus westlicher Sicht möglicherweise nur dann Realität werden können, wenn sich die Verhältnisse im Innern Russlands europäischen Normen annähern. Diese Aufgabe würde wiederum erleichtert, wenn Russland und die euro-atlantische Welt stärker kooperieren. Konflikte hingegen wecken nicht nur Widerwillen gegen den Westen, sondern könnten auch Vorbehalte gegen dessen Werte verstärken. Insofern dürften die wiederholten Konflikte zwischen 2004 und 2008 auch zur innenpolitischen Verhärtung in Russland beigetragen haben.

Folgendes bleibt festzuhalten: Russland hat sich 2003/04 nicht aus innenpolitischen Gründen vom Westen abgewandt. Es gibt unverändert den starken Wunsch nach einem sehr engen Verhältnis zum Westen. Russlands bisweilen überaus hartes, ja provokatives Auftreten hat zum einen innenpolitische Ursachen, zum anderen ist es außenpolitisch motiviert: man vertritt nationale Interessen und möchte mit Respekt behandelt werden. Der Westen wiederum sieht sich vielleicht aufgrund der innenpolitischen Zustände und ihrer möglichen Rückwirkungen auf die Außenpolitik zu einer strategischen Partnerschaft nicht in der Lage. Wenn wir bei dem jetzigen Stand der Erörterung von der Schlüssigkeit dieser Überlegungen ausgehen, haben wir jedoch noch keine Begründung dafür, warum die russisch-westlichen Beziehungen zwischen 2004 und 2008/09 von Spannungen gekennzeichnet waren.

## 6.2 Außenpolitische Faktoren

Es bleibt ein zweiter Argumentationsstrang derjenigen, die Russland für die Verschlechterung der Beziehungen verantwortlich machen: Der Kreml sei ab 2003/04 nicht mehr auf westliche Kredite angewiesen gewesen, anders als zuvor. Das Wirtschaftswachstum und die hohen Energiepreise hätten die Phase relativer Abhängigkeit beendet und Probleme des Westens, etwa in Afghanistan, hätten das Selbstbewusstsein deutlich gesteigert. Russland habe darum das „westliche Sonnensystem" verlassen, dem es zuvor als „Pluto" angehört habe, seitdem sei es auf einem eigenen Weg (Trenin 2007: 2f.).

War Russland so selbstbewusst, dass es sich aus eigener Entscheidung vom Westen abwandte? Die recht starke wirtschaftliche Position, insbesondere in den zwei Jahren vor dem Herbst 2008, hat zu dem fordernden, mitunter herausfordernden Auftreten der russischen Führung wesentlich beigetragen. Der Ton in der Presse war grundsätzlich noch stärker von Härte geprägt. Die Grenzen westlicher Macht, insbesondere der USA, wurden offenkundig, und in Russland entwickelte sich ein Bewusstsein dafür, dass sich die ökonomische Vorherrschaft des Westens abschwächte: Während die G7-Länder Ende der 1970er Jahre noch über 60% der weltweiten Wirtschaftsleistung stellten, war der Anteil bis 2008 auf gut 40% gesunken.

Unter der selbstbewussten bis auftrumpfenden Oberfläche aber dominierte etwas anderes: Die unerwartete Implosion der UdSSR ist das entscheidende politische Erlebnis der bis in die 1970er Jahre hinein Geborenen. Die ethnischen Spannungen und offenkundigen Schwächen des Landes verstärken den Eindruck der Labilität russischer Staatlichkeit. Präsident Medwedew erklärte Ende 2008, Ostsibirien werde verloren gehen, wenn Russland nicht die Kraft zu dessen Entwicklung aufbringe. Es wäre nicht die erste unvorhergesehene Entwicklung in der Geschichte des Landes, wie er fortfuhr. Die Anspielung auf das Ende der UdSSR war offenkundig. In den vergangenen 20 Jahren herrscht an ähnlichen Äußerungen kein Mangel. Man könnte die Sorgen als von der Führung gezielt geschürt betrachten, um die Bevölkerung hinter sich zu scharen, aber dafür sind sie zu verbreitet und werden von Vertretern aller politischen Lager geteilt. Russland hat nicht zuletzt das dringende Bedürfnis, mit Respekt behandelt zu werden, weil es sich seiner selbst unsicher und von Selbstzweifeln geplagt ist.

Russland ist sich der eigenen Schwäche durchaus bewusst. Davon zeugt beispielsweise die Tatsache, dass in den offiziellen russischen Dokumenten im Frühjahr und Frühsommer 2008 erstmals festgestellt wurde, Russland sei keine Großmacht, sondern wolle erst eine werden. Zudem signalisierte der Kreml dem Westen wiederholt, die Zusammenarbeit wesentlich vertiefen zu wollen. Der Westen wollte auf die Signale aber nur ansatzweise reagieren. Trat Russland zwischen 2004 und 2008 letztlich also härter auf als eigentlich intendiert, um das Interesse des Westens an einer Kooperation zu erhöhen?

Bei dem jetzigen Stand der Erörterung können wir folgendes festhalten: Interpretationen, die die Verantwortung für russisch-westlichen Spannungen in einer bewussten Wendung des Kreml gegen die euro-atlantische Welt sehen, sei es aus innen- oder außenpolitischen Motiven, können letztlich nicht überzeugen. So bleiben also Beobachter, die argumentieren, Russland habe mit einer zeitlichen Verzögerung auf eine westliche, von den USA unter Präsident Bush dominierte Politik der Aus- wenn nicht Eingrenzung reagiert. Russland habe unter Putin zunächst einen bündnisähnlichen Zustand gewollt. Es sei etwa 2004 hiervon entweder abgerückt oder habe versucht, den Westen durch Demonstrationen der Härte für sich zu interessieren. Es sei somit nicht der Kreml, der die Verantwortung für die Entfremdung trage.

Diese Ansicht vertritt, oft stark akzentuiert, auch die große Mehrheit der russischen Experten. Sie konstatieren, der Westen habe mit Missgunst auf die Konsolidierung und zunehmende Stärke Russlands reagiert. In den ersten Jahren der Präsidentschaft Putins sei die Haltung Russland dem Westen gegenüber von Annäherung und Kooperation geprägt gewesen, trotz des Kosovokriegs

1999, der Kündigung des ABM-Vertrags oder der NATO-Erweiterung im Baltikum. Es habe sich erst zu einer größeren Härte entschlossen, als der Westen nicht von seiner unfreundlichen, bisweilen gar feindseligen, Haltung abrücken wollte.

Die russisch-westlichen Beziehungen hätten weit entspannter sein können, wenn die US-Politik nicht so stark unilateral geprägt gewesen wäre. Das heißt jedoch noch keineswegs, dass Russland und der Westen zu einem bündnisähnlichen Verhältnis gekommen wären. Zudem trug der Kreml durchaus zu den Spannungen bei. In Russland wird das Ausmaß, in dem große Länder kleinere dominieren in allen politischen Lagern stark überschätzt. Die wiederholten aus Moskauer Sicht unfreundlichen bis provokativen Signale etwa aus dem Baltikum, Georgien oder der Ukraine wurden als vom Westen inszeniert betrachtet, ebenso, wie der Kriegsausbruch im Kaukasus 2008 letztlich den USA zur Last gelegt wurde. Womöglich nicht zuletzt deshalb, weil der Kreml selbst glaubte, die Verhältnisse im eigenen Land durch Manipulationen weitgehend steuern zu können. Ähnliche Fähigkeiten und Neigungen gestand er auch bei anderen Ländern zu.

Dabei deuten die Indizien darauf hin, dass eher die großen Staaten von den kleinen instrumentalisiert wurden. Die Staatsmänner einiger postsowjetischer Länder versuchten den Eindruck zu erwecken, ein Bollwerk gegen einen vermeintlichen russischen Neoimperialismus zu sein. Sie profitierten von russisch-westlichen Spannungen und trugen dazu bei, neue Spannungen zu schaffen und bestehende zu vertiefen, um Unterstützung im Westen zu erhalten. Und sie hatten Erfolg, ebenso wie auf der anderen Seite Weißrussland und zeitweise Kirgisistan, die dieses Spiel andersherum spielten.

Es bestanden durchaus relevante Interessenunterschiede zwischen Russland und dem Westen im GUS-Raum. So gab es etwa in Bezug auf die Republik Moldau und Transnistrien 2003 bzw. auf die Ukraine im Herbst 2004 Anzeichen dafür, dass sich Moskau in einem Maße als dominante Ordnungsmacht verstand, die auf berechtigten Widerstand bei westlichen Regierungen, auch derjenigen in Berlin, stieß. Aber das Ausmaß, in dem die Konflikte sowohl in Russland als auch im Westen ideologisch und moralisch aufgeladen wurden war irrational. Russische Politiker der zweiten und dritten Reihe sowie der Medien zeigen zwar eine Neigung zu einem imperial gefärbten Ton gegenüber Nachbarn. Der Kreml aber dokumentierte in den vergangenen 20 Jahren im Grundsatz hinreichend deutlich, den GUS-Ländern die Verantwortung für ihre Staaten zu überlassen, und weder Putin noch Medwedew haben je von „Einflusssphären" ihres Landes gesprochen.

Gleichwohl verstärkte sich sowohl in Russland als auch im Westen die Neigung insbesondere das wahrzunehmen, was man von der anderen Seite erwartete, also Negatives. Dies traf tendenziell selbst dann zu, wenn die Tatsachen dem deutlich entgegenstanden. Präsident Putin mutmaßte z.B., der Westen wolle Russland schwächen, wenn nicht aufbrechen, um an billige Rohstoffe zu gelangen. Im Westen wurde zum Allgemeingut, dass Putin das Ende der UdSSR als „die" größte geopolitische Katastrophe des 20. Jahrhunderts bezeichnet hätte, was als Beleg für imperiale Ambitionen des Kreml gewertet wurde. Tatsächlich jedoch sprach er von „einer der" großen geopolitischen Katastrophen und stellte die Worte in einen Zusammenhang, aus dem deutlich hervorging, dass es ihm um das Schicksal der Millionen Russen ging, die sich 1991 unerwartet außerhalb der Grenzen ihres Mutterlandes befunden hatten.

Das Thema Afghanistan war ein weiteres Beispiel für die im Westen verbreitete Neigung selektiver Wahrnehmung: Russland bekundete seit 2006 sehr deutlich seine Bereitschaft, an der Stabilisierung Afghanistans auf indirekte aber substanzielle Weise mitzuwirken. Berlin war dies seit langem bewusst, es dauerte aber über drei Jahre, bis die russische Kooperationsbereitschaft auch in Washington und Brüssel registriert wurde. Es setzten Verhandlungen ein, die in eine wesentlich verstärkte Kooperation mündeten.

Dabei war die russische Politik in Bezug auf Zentralasien bzw. Afghanistan vielleicht lediglich 2005 von einer Konkurrenz mit dem Westen dominiert, aber selbst dies ist zweifelhaft: Der Kreml sprach sich gegen dauerhafte Stützpunkte auswärtiger Mächte in Zentralasien aus, zu denen er sich selbst nicht zählt. In großen Teilen der euro-atlantischen Welt wurde diese Haltung als antiwestlich verstanden, und es gab durchaus Belege für diese Deutung. Zu den auswärtigen Mächten zählt nach russischer Lesart jedoch auch China, das sich zeitweise um einen Stützpunkt in Kirgisistan bemühte, aber nicht zuletzt am russischen Widerstand scheiterte. Faktisch hielt der Kreml China vor der Tür.

Warum kam es seit 2009 zu einer Entspannung der Beziehungen? Die Wechsel der Präsidentschaften in Moskau und Washington haben die Entwicklung zweifellos begünstigt. Ausschlaggebender ist, dass 2008-10 eine neue Situation entstanden ist bzw. bewusst wurde: Die Macht und das Prestige des Westens waren geschwächt, wofür die Stichworte Afghanistan und Schuldenkrisen genügen mögen. Diese Faktoren verminderten den Ehrgeiz der euro-atlantischen Welt und verstärkten die Bereitschaft zur Kooperation, nicht nur, aber eben auch mit Moskau. Ähnliches trifft auf Russland zu, das durch die Finanz- und Wirtschaftskrise 2008/09 härter als jede andere große Volkswirtschaft getroffen wurde, während China seinen Vorsprung ausbaute. Weil sich also die Umstände geändert haben, ließ man sich weniger von Gefühlen (fehl-)leiten als zuvor. Zudem haben die westlichen Erfahrungen etwa mit dem georgischen Präsidenten Saakaschwili bzw. die russischen mit dem weißrussischen Staatsoberhaupt Lukaschenko zu kühleren Köpfen beigetragen. Es war vor allem der Westen, dessen Kooperationsbereitschaft zunahm.

Russland ist in vielerlei Hinsicht ein sehr bedeutendes Land, aber die Notwendigkeit, Russland entgegenzukommen war gering. Zum einen bekam der Westen von Russland, was er wünschte, ob in Bezug auf den Balkan in den 1990er Jahren, nach dem 11. September oder etwa hinsichtlich der Nonproliferation. Russland war weit stärker auf die Kooperation angewiesen als die euro-atlantische Welt. Zum anderen war teils nicht offensichtlich, welcher Mehrwert für den Westen mit einer engeren Kooperation mit Russland verbunden sein sollte. Die EU und NATO sind in einem Maße mit sich selbst beschäftigt, dass es die Lage häufig zusätzlich erschweren würde, sich auch noch mit dem Kreml abzustimmen. Zudem ist die defensive Haltung Russlands offensichtlich: Während es offiziell auf Gleichheit mit der EU pocht, was einseitige Anpassungen ausschließt, werden diese auf der technischen Ebene klammheimlich vollzogen (Spanger 2007). Der Kreml ist isoliert (wie z.B. in der Frage der Anerkennung Abchasiens und

Südossetiens offenkundig wurde). Er ist auch keineswegs willens, ein anti-westliches System etwa mit China aufzubauen. Das westliche Desinteresse an einer Kooperation wurde in Russland jedoch nicht als Desinteresse gedeutet, sondern als unfreundliche, wenn nicht feindselige Haltung. Russland überschätzt seine eigene Bedeutung. Diese Fehleinschätzung veranlasste den Kreml zu Gegenmaßnahmen, die wiederum zu westlichen Reaktionen führten.

Russland strebt eine Großmachtrolle an, hat so viele Nachbarn und so lange Grenzen wie kein anderes Land und grenzt an verschiedene, zumindest potenzielle Konfliktregionen: Kaukasus, Zentralasien und Nordkorea. Russland scheint dazu verurteilt zu sein, Weltpolitik zu machen, es fehlen ihm jedoch die Ressourcen und nicht zuletzt die Verbündeten, dies erfolgreich zu tun (Schröder 2006). Das Land braucht den Westen in weit höherem Maße als umgekehrt. Für China gilt dies in deutlich abgeschwächter Form, sodass Washington Peking seit einer Reihe von Jahren deutlich weiter entgegenkommt als Moskau.

Im Westen dominierte bis 2009 also die Überzeugung, ein Einvernehmen mit Russland sei weder erforderlich noch ratsam, weil er anstehende Fragen allein bewältigen könne, Russland nicht relevant zur Lösung von Problemen beitragen könne und eine Abstimmung ihm die ohnedies bereits komplizierten Verständigungsprozesse innerhalb westlicher Organisationen weiter erschweren würde.

Aber war Russland tatsächlich ein Land, das den Westen erfolglos um eine Verständigung nachsuchte? In diesem Zusammenhang könnte man auf Russlands Stellung als Energieexporteur verweisen, denn die EU-Länder werden insbesondere auf dessen Gas auf absehbare Zeit nicht verzichten können. Es besteht zwar eine wechselseitige Abhängigkeit, aber gibt es nicht trotzdem ein Machtungleichgewicht zugunsten des Lieferanten? Russland ließe sich im Extremfall, anders als die Golfstaaten, auch nicht militärisch unter Druck setzen. Führt dies auf westlicher Seite nicht zu einem starken Interesse an einer Verständigung mit Russland, wenn nicht gar zu einer latenten Nachgiebigkeit?

Das russische Finanzvermögen befindet sich zum Großteil im Westen, der Zugriff hierauf könnte somit unterbrochen werden.

Zum anderen geht kein Abnehmer auch nur von einem theoretischen Erpressungspotenzial aus. Er würde sonst z.B. auf einem deutlichen Preisabschlag für russisches Gas beharren, da er kostenaufwändige Maßnahmen für eine mögliche Lieferunterbrechung vornehmen müsste. Potenzielle Neukunden wie China oder Israel, an die Russland liefern möchte, hätten gar nicht erst Interesse bekundet. All dies ist jedoch nicht der Fall. Die Abhängigkeit ist von keiner Seite als Druckmittel einsetzbar (Wipperfürth 2009).

Russland misst sich nach wie vor am Westen - wie bereits seit drei Jahrhunderten. Er ist das Vorbild, an dem man sich in teils demonstrativer Abgrenzung reibt, aber eher aus Neid und nicht aus einem Gefühl grundsätzlicher Gegnerschaft. Die Russen sehen sich als europäisches Volk, und Russland versteht sich als europäisches Land. Es braucht eine Modernisierungspartnerschaft, insbesondere mit der euro-atlantischen Welt. Sowohl Russland als auch der Westen sind grundsätzlich Status-quo-Mächte. Zahlreiche Indizien deuten darauf hin, dass Russland 2000/01 eine strategische Entscheidung zugunsten des Westens getroffen hat, die weiterhin gilt. Dies zeigen beispielsweise die wiederholten Angebote und 2010 begonnenen Gespräche hinsichtlich einer gemeinsamen Raketenabwehr.

Die deutliche Westausrichtung Russlands könnte gleichwohl ein taktisch bedingtes, vorübergehendes Phänomen gewesen sein. Es ist möglich, dass sich Russland bereits unter Jelzin dazu entschlossen hat, letztlich Distanz zum Westen zu wahren. Vielleicht wünscht es sich kein Bündnis mit dem Westen, sondern enge und kooperative Beziehungen, um die eigene Handlungsfähigkeit und Unabhängigkeit auf ein festeres Fundament zu stellen? Strebt Moskau nunmehr womöglich eine annähernde Äquidistanz zum Westen und China an?

Kooperative Beziehungen mit China waren auch vor 2005 von sehr hohem Wert, Moskau hat Peking jedoch wiederholt instrumentalisiert, um den Westen stärker für sich zu interessieren. Dieses Muster wirkte zwar auch in den vergangenen Jahren nach, Moskau machte jedoch zunehmend deutlich, für enge russisch-chinesische Beziehungen zu beträchtlichen Opfern bereit zu sein. Die Beziehungen mit China haben massiv an Bedeutung gewonnen, seit dessen Devisenreserven von 250 Milliarden US-Dollar im Jahre

1999 auf über 2.700 Milliarden US-Dollar Anfang 2011 angeschwollen sind. Russland wickelt zwar nach wie vor etwa 50% seines Außenhandels mit Ländern der EU ab, aber China hat Deutschland 2010 als führender Handelspartner abgelöst. Das chinesische Beispiel ermuntert Russland dazu, für die Entwicklung des Landes nicht auf ausländische Rezepte, sondern noch stärker auf die eigenen Spezifika und Bedürfnisse zu bauen. Dies beeinträchtigt die Aussichten für eine russisch-westliche Kooperation bzw. die Abhängigkeit Russlands von der euro-atlantischen Welt tendenziell.

Sowohl in Russland als auch in China herrscht die Überzeugung vor, man habe durch gute Beziehungen viel zu gewinnen und könne durch schlechte viel verlieren (Lo 2008: 55), eine Haltung, die auch die Ost- und Russlandpolitik Deutschlands seit langem leitet. Die sachliche Atmosphäre zwischen Moskau und Peking trug dazu bei, dass sich die bilateralen Beziehungen in den vergangenen 20 Jahren weit dynamischer entwickelten und weniger Schwankungen aufwiesen als diejenigen des Kreml mit dem Westen. Nicht nur auf russischer, sondern auch auf westlicher Seite, insbesondere bei einigen Ländern Ostmitteleuropas, sind die Beziehungen zu Russland emotional stark aufgeladen.

Das starke Wachstum Chinas vermehrt Russlands Chancen für eine Kooperation. Andererseits haben sich die Gewichte seit den 90er Jahren so stark zuungunsten Russlands verschoben, dass der Kreml allein aus diesem Grunde vor einer allzu enge Umarmung mit Peking zurückschreckt. Die Rüstungsausgaben Chinas sind in Kaufkraftparität gerechnet seit Anfang des Jahrhunderts deutlich höher als die russischen. Der Öl-gegen-Kredit-Vertrag von Anfang 2009 (s.o.) hat die Zweifel genährt, ob mit China noch eine Partnerschaft unter Gleichen möglich ist, und die Interessenunterschiede in Zentralasien häufen sich. Bei einer Meinungsumfrage Ende 2009 vertraten in Russland 44 Prozent der Interviewten die Auffassung, das Wachstum Chinas stelle eine Bedrohung russischer Interessen dar, während dies 39 Prozent bestritten (Russlandanalysen 2010: 31).

# 7 Ausblick auf 2020

In diesem Kapitel soll ein Blick in die Zukunft gewagt werden. Es folgt ein Schlusswort.

## 7.1 2020: Russland zwischen dem Westen und China

Das Vorhaben einer russisch-westlichen Raketenabwehr, die die gemeinsame Sicherheit untrennbar miteinander verbunden hätte, wurde trotz ernsthafter Anstrengungen beider Seiten nicht realisiert. Die jahrhundertealte wechselseitige Unsicherheit, ob der andere wirklich als verlässlicher Partner betrachtet werden kann stand dem entgegen. Dies war zu erwarten gewesen, da die nordatlantische Welt bereits die sicherheitspolitisch weniger relevante Verschränkung der Energiesysteme mit Russland seit langem weithin ablehnte.

Einige Beobachter stellen fest, dass sich Russland den europäischen Werten der Rechtsstaatlichkeit und der offenen Gesellschaft annähert, es bleiben jedoch zahlreiche Fragen und erhebliche Vorbehalte hinsichtlich der inneren Entwicklung. Auch Optimisten konstatieren, das Land werde noch einen weiten Weg zurücklegen müssen, bis ihm das gelingen könnte, was Japan im letzten Drittel des 19. Jahrhunderts begann: Eine Verwestlichung von innen heraus unter Beibehaltung der eigenen Identität und zahlreicher Spezifika. Die Ineffizienz staatlicher und ökonomischer Strukturen ist bislang nur teilweise überwunden, sodass Russland in manchen Bereichen für den Westen ein Partner mit beschränkter Kooperationsfähigkeit bleibt.

Auf russischer Seite wiederum haben sich die Zweifel verstärkt, ob ein dauerhaft prowestlicher Kurs nicht die gefährdete religiöse, ethnische und historische europäisch-asiatische Balance innerhalb des Landes in Frage stellen könnte. Auch im Verhältnis zur EU ist eine substanzielle Annäherung gescheitert. Moskau weigert sich, Verbindungen im postsowjetischen Raum zu kappen. Brüssel sieht sich hingegen außerstande, nicht nur Russland, sondern auch noch Zentralasien enger an sich zu binden.

Es gibt in Russland nach wie vor Hoffnungen und Ansprüche, weiterhin ein eigenständiges Zentrum der Weltpolitik zu sein. Weniger ehrgeizige Beobachter meinen, das Land könne als „Swing Power" zwischen dem Westen und China seine Unabhängigkeit wahren, was die Erfüllung der strategischen und zivilisatorischen Rolle Russlands als Brücke zwischen Ost und West sei. Die relative Macht des Westens sinkt weiter, während Länder des Südens an Einfluss und Prestige gewinnen. Dies eröffnet dem Kreml Kooperationsmöglichkeiten, die er zunehmend nutzt. Er will sich die Option der Rolle eines weltweit agierenden Mediators offenhalten. Die immer deutlichere Konturen annehmende multipolare Welt scheint die Chance hierfür zu eröffnen. Gleichwohl wachsen auch im Lande selbst die Zweifel, ob etwa das demographische und das weiterhin recht labile ökonomische Potenzial hierfür eine hinlängliche Basis bieten.

Die Situation Russlands ist mit derjenigen Großbritanniens in den eineinhalb Jahrzehnten nach 1945 vergleichbar: London lehnte eine Teilnahme an den sich entwickelnden europäischen Institutionen ab, da es die Ansicht vertrat, neben den USA und der Sowjetunion auf Dauer eine Weltmacht sein zu können. Aber die europäische Perspektive, die Großbritannien nach 1945 besaß, hat sich für Russland auch noch nicht eröffnet, sie wird jedoch sowohl in Russland als auch im Westen zunehmend in die Diskussion eingebracht.

Die Entwicklung Russlands befindet sich weiterhin grundsätzlich im Einklang mit den historischen Traditionen: Es ist auf sich allein gestellt, widersteht der Absorption durch den Westen, und die Innenpolitik bleibt zu einem erheblichen Teil durch autoritäre Elemente geprägt. Diese verhärten sich jedoch nicht zu einer Staatsideologie. Wirtschaftliche Interessen bleiben im Vorder-, die militärischen im Hintergrund. Russland strebt enge Verbindungen zum Westen an und will zugleich eigenständig agieren. Die seit den 90er Jahren wiederholt deutlich gewordene Tendenz russischer Politik wirkt fort: Der Kreml ist hinsichtlich der Beziehungen zum

Westen sowohl In- als auch Outsider, ebenso wie in den ersten 20 Jahren nach dem Ende der UdSSR (Sakwa 2004: 212). Moskau will sich jedoch die Chance offenhalten bzw. eröffnen, u.U. vorbehaltlos zum Insider werden zu können.

Der Kreml sendet gleichwohl nach wie vor Signale aus, die als provokativ verstanden werden können, was im Westen wiederholt zu Irritationen führt. Zugleich gibt es dort ein zunehmendes Bewusstsein für deren innenpolitische Hintergründe. In der euroatlantischen Welt setzt sich die Haltung durch, dass Russland eine antiwestliche Politik weder betreiben wolle noch könne. In Russland wächst das Bewusstsein, dass der Westen ein fundamentales Interesse an der territorialen Integrität und der Handlungsfähigkeit Russlands besitzt. Er kann als möglicher Bündnispartner gelten. Russland und der Westen konnten sich noch nicht zu einer strategischen Partnerschaft durchringen, verstärken ihre Kooperation gleichwohl deutlich. Berlin spielt weiterhin mit tendenziell wachsendem Erfolg die Rolle eines Mittlers zwischen dem Westen und Russland, ohne Zweifel an seiner Positionierung in der euroatlantischen Welt aufkommen zu lassen.

Es bleibt jedoch letztlich weiterhin unklar, in welche Richtung sich die russisch-westliche Kooperation entwickeln wird. Es stellt sich auf beiden Seiten weiterhin die Frage, ob die jeweils andere Seite zu einer für die eigene Seite akzeptablen Kooperation bereit ist. In Moskau besteht die Sorge, dass der Westen Russland gegen China positionieren und somit instrumentalisieren will. Die euroatlantische Welt hegt umgekehrt einen gewissen Argwohn, dass sich der Kreml u.U. dauerhaft auf die chinesische Seite schlagen könnte oder in einer Brückenfunktion unberechenbar bleibt.

Die Bereitschaft zur Kooperation wird sowohl auf russischer als auch auf westlicher Seite durch den Eindruck der eigenen abnehmenden Macht erhöht. Die westliche Neigung, Russland wiederholt einem Test zu unterziehen und dazu zu nötigen sich zu rechtfertigen, lässt nach - trotz anhaltender Kritik an den Zuständen im Innern des Landes. Das russische Bedürfnis, nicht isoliert zu sein, etwa in Bezug auf den NATO-Beitritt osteuropäischer Staaten, wird weniger als Ausdruck eines Anspruchs auf ein „Vetorecht" gedeutet denn als das, was es ist. Die USA pflegen mehr Konsultationen mit anderen Mächten, auch mit Russland.

Der GUS-Raum bleibt jedoch eine Quelle russisch-westlicher Missstimmungen. Kritiker, die, wie etwa in den 90er Jahren, fälschlicherweise vor imperialen Tendenzen des Kreml warnten, finden bei westlichen Regierungen zwar weniger Gehör als in den Jahren 2004 bis 2009, bleiben jedoch medial präsent. Auf russischer Seite schreitet die Verinnerlichung der postimperialen, neuen Existenz ihres Landes weiter voran. Die russische Haltung gegenüber den postsowjetischen Nachbarn bleibt aber von Friktionen begleitet, zu denen auch nationalistische Politiker in verschiedenen GUS-Ländern beitragen. Die Anziehungskraft und Präsenz beispielsweise der EU in der Region nimmt tendenziell zu. Es gibt weiterhin eine gewisse Neigung in Russland, die teils demonstrative Abgrenzung einiger postsowjetischer Nachbarn von Moskau fälschlicherweise als vom Westen gewünscht zu betrachten.

Die Organisation der GUS wird mehr und mehr zu einer leeren Hülle. Die menschlichen Verbindungen innerhalb des postsowjetischen Raums nehmen weiter ab, bleiben jedoch insbesondere aufgrund der hohen Migration aus einigen GUS-Ländern nach Russland und der Stellung des Russischen als Lingua franca intensiv.

Russland bleibt aus kulturellen, geographischen und historischen Gründen auf Europa bzw. den Westen in seiner Gesamtheit ausgerichtet. Die Beziehungen zu China sind von denen zur euroatlantischen Welt gleichwohl nicht mehr deutlich untergeordnet. Der russisch-chinesische Wirtschaftsaustausch weist weiter starke Zuwachsraten auf. Beide Länder pflegen intensive und kooperative Beziehungen, und Moskau stellt sich bei außenpolitischen Kontroversen wiederholt demonstrativ auf die Seite Pekings, auch in Fragen, die die eigenen nationalen Interesse berühren. Russland möchte Peking nicht verärgern, ohne sich der westlichen Kooperationsbereitschaft sicher zu sein. Dies wird durchaus auch im Westen wahrgenommen. Es herrscht nicht mehr die Sorge vor, dass Russland einen Keil zwischen Europa und Nordamerika treiben könnte, sondern vielmehr, dass es sich China zu sehr annähert. Russland demonstriert aber weiterhin, dass es die Zusammenarbeit mit China nicht so eng zu werden beabsichtigt, wie Peking dies wünscht, weil es sich der chinesischen Dominanz in einer solchen Konstellation sicher sein kann. Es verhält sich also ebenso wie die Ukraine hinsichtlich der Umarmungswünsche des Kreml etwa 2003 oder 2010.

Mitte der 1980er Jahre war die Wirtschaft der Sowjetunion doppelt so groß wie diejenige Chinas, 20 Jahre später war dieses hingegen ökonomisch etwa viermal so stark wie Russland, und 2020 beträgt die Relation ca. 1:6. Peking weitet seinen Einfluss im postsowjetischen Umfeld Russlands nicht nur in seiner Nachbarschaft aus, sondern beispielsweise auch in Weißrussland, mit dem China bereits Ende 2010 Investitionsprogramme in Höhe von zehn Milliarden US-Dollar vereinbarte. Peking beabsichtigt womöglich gar nicht, Moskau herauszufordern, sondern es handelt sich einfach um eine Expansion aufgrund seiner überwältigenden Dynamik. Es ist gleichwohl offensichtlich, dass diese nicht zuletzt zu Lasten des Kreml geht.

China praktiziert weiterhin grundsätzlich eine zurückhaltende Außenpolitik und strebt, ebenso wie Moskau, eine Stärkung der außenpolitischen Stellung durch inneres Wachstum an. Es ist sich seiner Identität und seines Werts sicherer als Russland und neigt weniger als dieses dazu, demonstrativ Respekt einzufordern. Seit 2009/10 mehren sich aber die Anzeichen eines betont machtpolitischen Auftretens Pekings. Die wachsende weltweite wirtschaftliche Verflechtung verstärkt zwar die Anreize für eine kooperative Außenpolitik weiter. Es sind auch nicht die Absichten Pekings, die Russland, aber auch dem Westen Sorge bereiten, sondern das schiere Gewicht des Landes. Es könnte im Falle innenpolitischer Verwerfungen, gravierender ökologischer Krisen oder etwa in Bezug auf Taiwan zu außenpolitischen Abenteuern verleiten, die einen Flächenbrand auslösen könnten.

Im ersten Jahrzehnt des 21. Jahrhunderts gab es ein relativ geringes sicherheitspolitisches Engagement Chinas in Zentralasien, was sich danach zu ändern begann. Peking ließ sich vermutlich von defensive Überlegungen leiten, als es daranging, die Abhängigkeit von der Rohstoffzufuhr über den Seeweg zu verringern. Noch 2010 wurden 85% der chinesischen Ölimporte durch die Straße von Malakka transportiert. China wollte in einem Spannungsfall, etwa um Taiwan, seine Handlungsfreiheit nicht durch eine mögliche Gefährdung der Rohstoffeinfuhr beeinträchtigt sehen. Der Westen fürchtet aber eine relative Entwertung seiner Seeherrschaft, und Russland sieht sich durch die ökonomische Übermacht Chinas in die Enge getrieben sowie dessen zunehmende militärische Präsenz in Zentralasien herausgefordert. Im Jahre 2008 hatte es bereits ein russisches Manöver gegeben, in dem eine chinesische Invasion Kasachstans mit einem simulierten Kernwaffeneinsatz abgewehrt wurde. Die Wirtschaft der rohstoffreichen Länder Zentralasiens ist weitgehend auf China ausgerichtet, sicherheitspolitisch lehnen sich die Länder der Region jedoch an Russland an, da nicht mehr Moskau, sondern Peking als der potenzielle Hegemon gelten muss.

Die Region Zentralasien-Afghanistan-Pakistan ist spannungsträchtig. Russland bleibt die einzige Macht, die in der Lage ist, schnelle Eingreiftruppen in Zentralasien einzusetzen. China ist erst dabei, solche Einheiten aufzubauen. Die westlichen Truppen sind aus Afghanistan abgezogen, die Basen in Zentralasien geschlossen. Die seit 2010 wachsenden Anzeichen einer russisch-westlichen Sicherheitspartnerschaft in der Region verstärken sich deutlich, wobei Moskau die führende Rolle spielt. Der Westen fordert Russland geradezu zu einem verstärkten Engagement in Zentralasien auf und unterstützt es in dem Bemühen, sein weiterhin fragiles Bündnissystem im postsowjetischen Raum zu stärken. Auch Indien zeigt in Zentralasien zunehmende Präsenz, teils mit Blick auf Pakistan bzw. China und zwecks Sicherung von Ressourcen, was zeitweilig zu Kontroversen zwischen Moskau und Neu-Delhi führt.

Seit 2004 gibt es von offizieller Seite keine offenen Fragen hinsichtlich der russisch-chinesischen Grenze. Peking bekräftigt wiederholt dessen Unverletzlichkeit, aber allein die Tatsache, dass auf seiner russischen Seite lediglich etwa sechs Millionen Menschen leben, auf der chinesischen jedoch über 100 Millionen, weckt Sorgen (Lo 2008: 71). Zudem gibt es wiederholt nationalistische Stimmen innerhalb Chinas, die Revanche für die ungleichen Verträge fordern, die dem Land in den Jahrzehnten nach Mitte des 19. Jahrhunderts von außen auferlegt wurden. Es gibt keine ausschlaggebenden Indizien, dass eine Politik des Revisionismus zu einer Maxime der Politik Pekings werden könnte. Gleichwohl sind es auch hier nicht die Absichten Pekings, sondern sein Potenzial, das zu Befürchtungen Anlass gibt.

Russland bleibt unter militärischem Gesichtspunkt in der Lage, sich in einem Konfliktfall gegen China zu behaupten, und der Schwerpunkt der chinesischen Streitkräfte liegt nicht an der russischen Grenze, sondern auf dem Festland gegenüber Taiwan. Gleichwohl gibt es sowohl in Russland als auch in der euro-atlantischen Welt zunehmend Beobachter, die eine zukünftige Anlehnung Russlands an China für möglich halten. Hierzu könnte sich der Kreml aus Schwäche oder Furcht und nicht etwa aus freien Stücken veranlasst sehen.

## 7.2 Schlusswort

Die oben dargelegte Entwicklung ist weitgehend linear und schreibt Entwicklungen der Jahre vor Abschluss dieses Buches im Grundsatz fort. Selbst Überlegungen, die einen Zeitraum von unter zehn Jahren in den Blick nehmen, können jedoch durch unwahrscheinliche oder unvorhersehbare Entwicklungen entkräftet werden. Hinsichtlich Russlands ist etwa Folgendes denkbar:

Das Land könnte 2020 deutlich stärker sein als oben dargelegt: Staat, Wirtschaft und Gesellschaft könnten erheblich leistungsfähiger und stabiler sein, beispielsweise weil hohe Energiepreise für eine erfolgreiche Modernisierungspolitik genutzt wurden. Oder Russland könnte im Gegenteil beispielsweise aufgrund eskalierender Spannungen im Nordkaukasus deutlich schwächer sein. Gleiches träte im Fall anhaltend niedriger Energiepreise ein, denn die Wirtschaftsentwicklung in Russland wird wahrscheinlich in einem gefährlich hohen Maß von der Höhe der Öl- und Gaspreise abhängig bleiben.

Es ist andererseits möglich, dass bereits erkennbare Indizien einer russisch-westlichen Sicherheitspartnerschaft sich so weit verdichten, dass beide zu einem strategischen Bündnis finden. Hierzu könnten außer Kontrolle geratende Konflikte in Zentralasien-Afghanistan-Pakistan oder eine schwere innenpolitische Krise in China führen, die die Berechenbarkeit dieses Landes ernsthaft in

Frage stellen würde. Die gleiche Folge könnte beispielsweise eine ökologische oder technisch bedingte Katastrophe globalen Ausmaßes haben.

Beim Eintreten eines der oben skizzierten Fälle würden sich die russisch-westlichen bzw. russisch-chinesischen Beziehungen folglich vermutlich anders entwickeln als im Abschnitt 7.1 dargelegt. Nach Abwägung der Fakten bleibt es gleichwohl wahrscheinlich, dass sich die Entwicklung etwa im oben ausgeführten Rahmen bewegen wird. Eine Vorhersage bleibt mit zahlreichen Unwägbarkeiten behaftet, Folgendes kann gleichwohl als sicher gelten: Die globale Ordnung war über 500 Jahre durch Länder des westlichen Teils Europas dominiert, zu denen sich später Russland und die USA gesellten, um sie teilweise abzulösen. Diese Länder des Nordens verband trotz aller harten und immer wieder zutage tretenden Rivalitäten viel. Ihre Vorherrschaft aber nähert sich mit raschen Schritten ihrem Ende.

Auf längere Sicht ist ein weltweiter Triumph der als europäisch bezeichneten Werte der Pluralität und offenen Gesellschaft durchaus denkbar, wie beispielsweise die ermutigenden Umbrüche in Tunesien oder Ägypten Anfang 2011 zeigten. In Bezug auf die internationale Staatenwelt jedoch wird die Bedeutung der Länder des Südens weiter deutlich anwachsen. Vor Beginn der industriellen Ära entfiel etwa die Hälfte der weltweiten Wirtschaftsleistung auf China und Indien. Diesen Anteil werden die beiden Länder auch in ferner Zukunft aus verschiedenen Gründen nicht annähernd mehr erzielen können. Es ist aber zu erwarten, dass China zukünftig ökonomisch eine vergleichbare Stärke haben wird wie Gesamteuropa von Lissabon bis Wladiwostok. Die Indizien deuten darauf hin, dass es sich nur noch um die Frage handelt, ob diese Situation in einer oder in zwei Generationen eintreten wird. Sie wäre in historischer Perspektive die Rückkehr zum Normalzustand.

Der Aufstieg Chinas und zahlreicher anderer Staaten des Südens hat mittlerweile eine solche Dynamik gewonnen, dass schwerwiegende Rückschläge, die aller Voraussicht nach kommen werden, lediglich eine aufschiebende Wirkung ausüben können. Der Faktor China wird einen wesentlichen und wachsenden Einfluss auf die russische Außenpolitik und das russisch-westliche Beziehungsgeflecht ausüben.

Es wäre unangebracht und gefährlich, China zu einem Feind zu stilisieren. Eine Anlehnung Moskaus an Peking wäre westlichen Interessen jedoch außerordentlich abträglich. Russland hat kein Interesse daran, Juniorpartner Chinas zu werden. Es weiß zudem, auf dem europäischen Kontinent dauerhaft eine führende Rolle spielen zu können. Moskau könnte sich gleichwohl zu einer Unterordnung unter Peking genötigt sehen, wenn sich Russland in einer ernsthaften Schwächeperiode befindet und bzw. oder wenn die russisch-westlichen Beziehungen über einen längeren Zeitraum von gravierenden Spannungen beherrscht sind. Letzteres ist mittlerweile recht unwahrscheinlich, aber es bleibt möglich.

Russland schien sich selbst lange zu stark, um in den Westen integriert zu werden, und dem Westen zu schwach, um ihm mit Respekt ein Stück entgegenzukommen. Die wachsende Macht Chinas führt sowohl in Russland als auch in der euro-atlantischen Welt zu einem Aufbrechen dieser Sichtweise. Es ist wahrscheinlich, dass sie im Ergebnis im dritten oder vierten Jahrzehnt dieses Jahrhunderts zu einer russisch-westlichen Schicksalsgemeinschaft führen wird.

# Kommentierte Literatur

*Schneider-Deters, Winfried/Schulze, Peter W./Timmermann, Heinz (Hg.): Die Europäische Union, Russland und Eurasien. Die Rückkehr der Geopolitik, Berlin 2008 (Berliner Wissenschafts Verlag).*

In dem umfangreichen Sammelband geht es nicht nur um außenpolitische Fragen, wie der Titel nahelegt, sondern auch um die Innenpolitik. Der Blick ist auf sämtliche Länder des GUS-Raumes gerichtet, mit Russland, der Ukraine und Weißrussland im Fokus.

Die Autoren sind in Anbetracht der Länder zwischen der EU und Russland erkennbar besorgt: Russland und die Europäische Union seien „dazu verdammt", gemeinsam zur Stabilitätssicherung und Entwicklung der zwischen ihnen liegenden Region führend beizutragen. Die EU-Politik Richtung Osten müsse darauf achten, Russland als verantwortliche Macht aktiv einzubinden. Dies sei Voraussetzung für die Stabilität der Region, es wäre beängstigend, wenn sich Russland als Akteur verabschieden würde.

*Donaldson, Robert H./Nogee, Joseph L. (2009): The Foreign Policy of Russia. Changing Systems, Enduring Interests, Armonk (M.E. Sharpe).*

Die beiden US-Autoren haben eine solide Beschreibung der Akteure und sämtlicher Aspekte der russischen Außenpolitik zwischen 1991 und 2008 vorgelegt. Nicht nur die Beziehungen zu den zentralen Partnern – bzw. Kontrahenten – werden dargelegt, sondern ebenso die Rolle Russlands auf der koreanischen Halbinsel oder in Bezug auf die ehemaligen Klientelstaaten der Sowjetunion wie Kuba oder Vietnam. Diese umfassende weltweite Perspektive sichert dem Band einen dauerhaften Wert als Nachschlagewerk. Es ist verständlich, dass er 2009 bereits seine vierte Auflage erlebte. Die Autoren sind auch nicht der Versuchung erlegen, ein einseitiges Bild zu zeichnen. Es ist ihnen durchaus erfolgreich gelungen, trotz einer eher russlandkritischen Position, einen unvoreingenommenen Blick zu wahren, beispielsweise in Bezug auf die Konflikte mit den baltischen Staaten oder die Irakkrise 2002/03.

Gleichwohl wird die Politik Russlands zu stark als Aktion und unzureichend als Reaktion verstanden, etwa auf Handlungen oder Unterlassungen des Westens. Zudem hätte man sich gewünscht, dass Donaldson und Nogee die Verbindungen zwischen der Innen- und Außenpolitik intensiver thematisiert hätten, denn ihre Beiträge zu diesem Thema sind häufig erhellend. Zusammengefasst: Mehr Analyse wäre wünschenswert gewesen, insbesondere in Bezug auf die russische GUS-Politik, die tendenziell zu plakativ dargestellt wird.

*Pleines, Heiko/Hans-Henning Schröder (Hg.): Länderbericht Russland, Bonn 2010 (Bundeszentrale für Politische Bildung).*

Der Sammelband vereint die Beiträge von 26 namhaften Autoren. Das Buch widmet sich zu 85% seines Umfangs innen- und gesellschaftspolitischen Themen. Daneben werden auch einzelne Aspekte der russischen Außenpolitik diskutiert.

Das Buch ist sehr geeignet, sich zu einzelnen Fragen, etwa des politischen Systems, rasch zu orientieren. Es hat jedoch auch einen für einen Sammelband charakteristischen Nachteil: Es wird dem Leser überlassen, sich aus den zahlreichen Mosaiken selbst ein Gesamtbild zu fügen.

# Bibliographie

Bank of Finland 2011 (1):
www.suomenpankki.fi/bofit_en/seuranta/venajatilastot/Documents/ BOFIT_RussiaStatistics_1990_2007.pdf (zuletzt geöffnet am 25.5.11).
Bank of Finland 2011 (2):
www.suomenpankki.fi/bofit_en/seuranta/venajatilastot/Pages/default. aspx (zuletzt geöffnet am 25.5.11).
Black, J.L.: Vladimir Putin and the New World Order. Looking East, Looking West?, London (u.a.) 2004.
Buhbe, Matthes: Vertrauen in gesellschaftliche und politische Institutionen, in: Russlandanalysen 84.
Cooper, Julian: The Funding of the Power Agencies of the Russian State, in: The Journal of Power Institutions in Post-Soviet Societies, Issue 6/7 2007.
Denisov, Andrei: The Gains and Failures of the Energy Superpower, in: Russia in Global Affairs". Nr. 2, April - June 2008.
Donaldson, Robert H./Nogee, Joseph L.: The Foreign Policy of Russia. Changing Systems, Enduring Interests, 4th ed., Armonk/London 2009.
DSW 2006: DSW Datenreport 2006. Soziale und demographische Daten zur Weltbevölkerung, Hannover 2006.
Dubin, Boris; Simulierte Macht und zeremonielle Politik, in: Osteuropa, Nr. 3/2006.
Engerer, Hella; Russlands Energieexporte, in: Osteuropa 11/2008.
Fedorov, Yury E.; Russia's Foreign Policy: Basic Trends under President Putin, in: Smith, Hanna.
Freedman, Robert O.: Russia, Iran and the Nuclear Question, in: Kanet.
Goldgeier, James/Michael McFaul: Power and Purpose. U.S. Policy toward Russia after the Cold War, Washington D.C. 2003.
Iwanow, Igor: Die neue russische Diplomatie. Rückblick und Visionen, München 2002.
Kanet, Roger E. (Ed.): Russia, Er-Energing Great Power, Houndsmill/NY 2007.
Lewada 2007: Umfragen des Lewada-Zentrums vom August 2007, in: Russlandanalysen 148, nach: www.levada.ru./press/2007103001.html.

Lo, Bobo: Russian Foreign Policy in the Post-Soviet Era. Reality, Illusion and Mythmaking, Houndmill/New York 2002.

Lo, Bobo: Axis of Convenience. Moscow, Beijing, and the New Geopolitics, London/New York 2008.

Lomagin, Nikita A.: Froming a New Security Identity, in: Kanet.

Lukjanov, Fedor: Očišenie ot šeluhi. Rossiâ priznala nevozmožnost' integracii v ramkah SNG, in: Vremâ Novostej, 28.3.05.

Mangott, Gerhard: Russlands Außenpolitik. Fähigkeiten und Optionen, in: Mangott.

Mangott, Gerhard/Trenin, Dmitrij/Senn, Martin/Timmermann, Heinz: Russlands Rückkehr. Außenpolitik unter Vladimir Putin, Wiener Schriften zur Internationalen Politik, Band 7, Baden-Baden 2005.

Mankoff, Jeffrey: Russian Foreign Policy. The Return of Great Power Politics, Lanham u.a. 2009.

Nabiyev, Rizvan: Erdöl- und Erdgaspolitik in der kaspischen Region, Berlin 2003.

Petro, Nicolai N./Rubinstein, Alvin Z.: Russian Foreign Policy. From Empire to Nation-State, New York 1997.

Pew 2008: Global Public Opinion in the Bush Years (2001-2008), http://pewglobal.org/2008/12/18/global-public-opinion-in-the-bush-years-2001-2008/ (zuletzt geöffnet am 25.5.11)

Pleines, Heiko: Mehr Staat und mehr Markt? Die Quadratur des Kreises in der russischen Öl- und Gasindustrie, in: Russlandanalysen 170.

Preiß, Frank: Von der Katjuscha zur Kursk. Die russische Rüstung, Berlin 2004.

Renz, Bettina: Die Silowiki in der russischen Politik: Politische Strategie oder Produkt des Systems?, in: Russlandanalysen 117.

Russlandanalysen 2006: Russlandanalysen 116, www.laender-analysen.de/russland/pdf/Russlandanalysen116.pdf (zuletzt geöffnet am 25.5.11).

Russlandanalysen 2008: Russlandanalysen 166, www.laender-analysen.de/russland/pdf/Russlandanalysen166.pdf (zuletzt geöffnet am 25.5. 11).

Russlandanalysen 2010: Russlandanalysen 198, www.laender-analysen.de/russland/pdf/Russlandanalysen198.pdf (zuletzt geöffnet am 25.5.11).

Sakwa, Richard: Putin. Russia's Choice, London/New York 2004.

Schröder, Hans-Henning: Russlands Stellung in einer sich wandelnden Welt, in: Russlandanalysen 109.

Schulze, Peter W.: Das Pendel schwingt nicht mehr, in: Frankfurter Rundschau, 23.5.03.

Simes, Dimitri K.: Losing Russia, in: Foreign Affairs, November-December 2007.

Sipri 2007 (1): http://milexdata.sipri.org/result.php4 (zuletzt geöffnet am 25.5.11).

Sipri 2007 (2): Sipri Yearbook 2007. Kurzfassung auf Deutsch, Hg.: Institut für Friedenspädagogik Tübingen e.V. 2007.

Sipri 2010: Sipri Yearbook 2010. Samenvatting in het Nederlands, Hg.: Vlaams Vredeinstituut, Brüssel 2010.

Smith, Hanna Smith (Ed.): Russia and Its Foreign Policy. Influences, Interests and Issues, Saarijärvi 2005.

Smith, Hanna: What Can Multipolarity and Multilateralism tell us about Russian Foreign Policy Interests, in: Smith, Hanna.

Smith, Mark A.: Russian Perception on the Iranian Nuclear Issue, in: Advanced Research and Assessment Group, Middle East Series 07/33, Defence Academy of the United Kingdom, Oktober 2007.

Spanger, Hans-Joachim: EU-Russland: Was bleibt von der strategischen Partnerschaft?, in: Internatiionale Poltik und Gesellschaft 2/2007.

Stulberg, Adam N.: Well-Oiled Diplomacy. Strategic Manipulation and Russia's Energy Statecraft in Eurasia, New York 2007.

Taylor, Brain D.: Russia's Power Ministries: Coercion and Commerce, Syracuse 2007

Timmermann, Heinz: Die EU, Russland und ihre geopolitische Zwischenzone, in: Piehl, Ernst/Schulze, Peter W./Timmermann, Heinz: Die offene Flanke der Europäischen Union, Berlin 2005.

Trenin, Dmitri: Russland – Die gestrandete Weltmacht, Hamburg 2005.

Trenin, Dmitri V.: Getting Russia Right, Washington 2007.

Tsygankov, Andrei P.: Whose World Order? Russia's Perception of American Ideas after the Cold War, Notre Dame 2004.

Walker, Edward W.: Dissolution. Sovereignty and the Breakup of the Soviet Union, Lanham 2003.

Wilhelmi, Wolfgang: Die Politik der Rußländischen Föderation gegenüber dem „Nahen Ausland", Baden-Baden 2002.

Wipperfürth, Christian: Russland und sein GUS-Nachbarn, Stuttgart 2007.

Wipperfürth, Christian: Die europäisch-russischen Energiebeziehungen, in: Einsichten und Perspektiven 4/09, S. 298-319.

World Bank 2011: http://data.worldbank.org/indicator/NY.GNP.PCAP.CD (zuletzt geöffnet am 25.5.11).

# Neu im Programm Politikwissenschaft

Blanke, Bernhard / Nullmeier, Frank / Reichard, Christoph / Wewer, Göttrik (Hrsg.)
**Handbuch zur Verwaltungsreform**
4., akt. u. erg. Aufl. 2011. XXI, 616 S. Br.
EUR 49,95
ISBN 978-3-531-17546-1

Das Handbuch liefert einen Beitrag zur Einordnung unterschiedlicher Konzepte und Orientierung für die Umsetzung der Verwaltungsreform. In 66 Beiträgen werden vielfältige Ansätze der Verwaltungsreform vorgestellt, ihr Entstehungszusammenhang erläutert, praktische Anwendungsfelder beschrieben und Entwicklungsperspektiven untersucht. Die Beiträge stammen von renommierten WissenschaftlerInnen und erfahrenen PraktikerInnen. Themenblöcke: Staat und Verwaltung, Reform- und Managementkonzepte, Steuerung und Organisation, Personal, Finanzen, Ergebnisse und Wirkungen, Erfahrungen und Perspektiven.

Boeckh, Jürgen / Huster, Ernst-Ulrich / Benz, Benjamin
**Sozialpolitik in Deutschland**
Eine systematische Einführung
3., grundl. überarb. u. erw. Aufl. 2011.
491 S. Br. EUR 22,95
ISBN 978-3-531-16669-8

Der Band führt systematisch in das breite Spektrum von Geschichte, Strukturen, Problemlagen, Lösungswegen und die europäischen Zusammenhänge von Sozialpolitik in Deutschland sowie in die Theorie des Sozialstaates ein. Der besseren Verständlichkeit dienen ausführliche geschichtliche Dokumente und aktuelle Daten zur sozialen Entwicklung bzw. zur Sozialpolitik. Gibt es Grenzen des Sozialstaates? Diesen sucht sich der Band im geschichtlichen Rückgriff auf die Weimarer Republik systematisch und sozialräumlich zu nähern.

Dingwerth, Klaus / Blauberger, Michael / Schneider, Christian
**Postnationale Demokratie**
Eine Einführung am Beispiel von EU, WTO und UNO
2011. 236 S. (Grundwissen Politik) Br.
EUR 24,95
ISBN 978-3-531-17490-7

Internationale Organisationen stehen im Zentrum der Diskussion über das „Demokratiedefizit" internationaler Politik. Während politische Entscheidungen zunehmend auf internationaler Ebene getroffen werden, zweifeln Kritiker immer wieder an der Legitimation dieser Entscheidungen. Das Buch führt ein in die Diskussion über demokratisches Regieren „jenseits des Staates", es stellt die Funktionsweise von EU, WTO und UNO vor und diskutiert, inwieweit das Regieren in diesen Organisationen demokratischen Grundsätzen genügt bzw. wie sich Demokratiedefizite beheben lassen.

Erhältlich im Buchhandel oder beim Verlag.
Änderungen vorbehalten. Stand: Juli 2011.

**www.vs-verlag.de**

**VS VERLAG**

Abraham-Lincoln-Straße 46
65189 Wiesbaden
tel +49 (0)6221. 345 - 4301
fax +49 (0)6221. 345 - 4229

# Elemente der Politik

Hrsg. von Bernhard Frevel / Klaus Schubert / Suzanne S. Schüttemeyer / Hans-Georg Ehrhart

Blum, Sonja / Schubert, Klaus
**Politikfeldanalyse**
2., akt. Aufl. 2011. 198 S. Br. EUR 16,95
ISBN 978-3-531-17276-7

Dehling, Jochen / Schubert, Klaus
**Ökonomische Theorien der Politik**
2011. 178 S. Br. EUR 16,95
ISBN 978-3-531-17113-5

Dobner, Petra
**Neue Soziale Frage und Sozialpolitik**
2007. 158 S. Br. EUR 12,90
ISBN 978-3-531-15241-7

Frantz, Christiane / Martens, Kerstin
**Nichtregierungsorganisationen (NGOs)**
2006. 159 S. Br. EUR 14,90
ISBN 978-3-531-15191-5

Frevel, Bernhard
**Demokratie**
Entwicklung – Gestaltung –
Problematisierung
2., überarb. Aufl. 2009. 177 S. Br. EUR 12,90
ISBN 978-3-531-16402-1

Fuchs, Max
**Kulturpolitik**
2007. 133 S. Br. EUR 14,90
ISBN 978-3-531-15448-0

Jahn, Detlef
**Vergleichende Politikwissenschaft**
2011. 124 S. Br. EUR 12,95
ISBN 978-3-531-15209-7

Jaschke, Hans-Gerd
**Politischer Extremismus**
2006. 147 S. Br. EUR 14,95
ISBN 978-3-531-14747-5

Johannsen, Margret
**Der Nahost-Konflikt**
2., akt. Aufl. 2009. 167 S. Br. EUR 16,95
ISBN 978-3-531-16690-2

Kevenhörster, Paul / Boom, Dirk van den
**Entwicklungspolitik**
2009. 112 S. Br. EUR 12,90
ISBN 978-3-531-15239-4

Kost, Andreas
**Direkte Demokratie**
2008. 116 S. Br. EUR 12,90
ISBN 978-3-531-15190-8

Meyer, Thomas
**Sozialismus**
2008. 153 S. Br. EUR 12,90
ISBN 978-3-531-15445-9

Schmitz, Sven-Uwe
**Konservativismus**
2009. 170 S. Br. EUR 16,90
ISBN 978-3-531-15303-2

Erhältlich im Buchhandel oder beim Verlag.
Änderungen vorbehalten. Stand: Juli 2011.

**www.vs-verlag.de**

Abraham-Lincoln-Straße 46
65189 Wiesbaden
tel +49 (0)6221.345 - 4301
fax +49 (0)6221.345 - 4229

MIX
Papier aus verantwortungsvollen Quellen
Paper from responsible sources
FSC® C105338

If you have any concerns about our products,
you can contact us on
**ProductSafety@springernature.com**

In case Publisher is established outside the EU,
the EU authorized representative is:
**Springer Nature Customer Service Center GmbH
Europaplatz 3, 69115 Heidelberg, Germany**

Printed by Libri Plureos GmbH
in Hamburg, Germany

## Russlands Außenpolitik

Dieses Buch versteht sich als knappe, umfassende Darstellung der russischen Außenpolitik von 1991 (also nach dem Ende der Sowjetunion) bis Anfang 2011. Es setzt mit dem weltanschaulichen Hintergrund und der Soft- und Hardpower Russlands ein. Im breiten mittleren Teil wird die Außenpolitik umrissen, wobei der Schwerpunkt auf der Zeit nach der Jahrhundertwende liegt. Es folgen eine Deutung der Politik und ein abschließender Blick auf die Zukunft. Innenpolitische Kräfte spielen für die vielschichtige Politik des großen Landes im Übergang eine zumindest ebenso große Rolle wie andernorts auch. Ihrer Bedeutung wird Rechnung getragen. Der Standpunkt des äußeren Beobachters und der Blick aus russischer Sicht ergänzen sich in der Darstellung und Interpretation.

# LEHRBUCH

**Dr. Christian Wipperfürth** arbeitet als freier Publizist. Er hat zuvor für das Europäische Parlament bzw. den Deutschen Bundestag gearbeitet und Internationale Beziehungen an der Universität in St. Petersburg gelehrt.

ISBN 978-3-531-16020-7

www.vs-verlag.de